Uta Klawitter
Bewegungsspiele für Babys

Uta Klawitter

Bewegungsspiele für

BABYS

So fördern Sie die
Entwicklung Ihres Kindes

Kösel

Uta Klawitter ist Physiotherapeutin und Feldenkrais-Pädagogin. Nach jahrelanger Erfahrung mit Babys und Kindern arbeitet sie heute in eigener Praxis auch mit Erwachsenen. Sie leitet den »Klawitter-Kreis« in Unterschleißheim bei München. Adresse siehe Seite 110.

ISBN 3-466-30560-8
© 2001 by Kösel-Verlag GmbH & Co., München
Printed in Germany. Alle Rechte vorbehalten
Druck und Bindung: Kösel, Kempten
Illustrationen: Dorothea Cüppers, Kassel
Umschlag: KOSCH, München
Fotos und Umschlagmotiv: Agentur Kunterbunt, Heidi Velten,
Leutkirch-Ausnang

Gedruckt auf umweltfreundlich hergestelltem Werkdruckpapier
(säurefrei und chlorfrei gebleicht)

Inhalt

Einleitung   **7**
Die Botschaften der Körpersprache   9
Die Wahrnehmungsfähigkeit wächst   10
Ein wunderbares Abenteuer kann beginnen   13

Das Neugeborene – Auf der Erde ankommen   **16**
Das Baby betrachten und sich einfühlen   16
Der Beginn einer neuen Beziehung   17

Die Körperlagen – Basis der weiteren Entwicklung   **20**
Die verschiedenen Lagen kennen lernen   20
Das Baby tragen und transportieren   25
Finden Sie eine geeignete Schlaflage   26

Rollen – Die erste selbständige Lageänderung   **28**
Das Baby lebt von der Hand in den Mund   28
Von der Rücken- in die Bauchlage und zurück   30
Die Entwicklung seiner Schutzreaktionen   33
Der beste Spiel-Raum für Ihr Kind   35
Babys haben alle Hände voll zu tun   37

Robben – Die zielgerichtete Fortbewegung   **40**
Ein Meilenstein auf dem Weg zur Eigenständigkeit   42
Innere Konflikte begleiten den wichtigen Schritt   43
Beim Robben entwickeln sich die Hüftgelenke   45
Wie Sie Ihr Kind in dieser Phase am besten unterstützen   46

**Krabbeln – Balance und Koordination auf
vier Punkten**   **49**
Training im Vierfüßlerstand   49
Die Bedeutung von Körperhaltung und Körperentwicklung   52
Aus der Balance in die Bewegung   54
Der Pinzettengriff entwickelt sich   56

Sitzen – Der aktive, eigenständige Sitz   59
Beide Hände frei zum Spielen   59
Die Bewegungsentwicklung ganzheitlich betrachten   60

Aufrichten – Aufrecht werden   63
Die Kunst, eine Treppe wieder herunterzukrabbeln   63
Umgang mit Gefahrenquellen   65
Der Weg in die Höhe   66
Freies Gehen braucht ausreichend Zeit   69
Sinnvolle Zwischenstufe: Der Bärengang   73

Freies Gehen – Das Kind wird »laufend« sicherer   75
Fortbildung in Fortbewegung   75
»Beide Hände reich ich dir ...«   76
Eigenständigkeit, Verbote und Trotzreaktionen   78
Nur ein weiterer Schritt in der Entwicklung   82

Sinnvolle Spielmöglichkeiten   84
Den Spiel-Raum vorbereiten   84
Spielsachen und der beste Umgang damit   86
Beim Schwimmen ganz in seinem Element   88
Der Bewegungsraum erweitert sich   90

Arztbesuche und Therapien   91
Beidseitigkeit in der Körperentwicklung   92
Schutzmechanismen und Gehhilfen   93
Therapieformen   94
Die energetische Eltern-Kind-Schaukel   100
Ein Weg zu neuer Begegnung   105

Schritt für Schritt zusammen gehen   109

Adressen   110
Literaturempfehlungen   111

Einleitung

»Die physiologische Sinnesbildung ist der königliche Pfad
zur Bildung der Intelligenz.«
»Erfahrung, nicht Gedächtnis, ist die Mutter der Idee.«
MARIA MONTESSORI

Die Bewegungsentwicklung, die ein Kind von seinen Anfängen in hilfloser Abhängigkeit bis hin zu einer eigenständigen Persönlichkeit durchläuft, ist überschaubar und nachvollziehbar. Sie geschieht stufenweise; die nächste Fähigkeit baut auf der vorherigen auf.

Die Entwicklung wird gelenkt vom Bedürfnis weiterzugehen und anzuwenden, was auf der vorausgegangenen Stufe entstanden ist. Entwicklungseinheiten wachsen so als Folge körperlicher, geistiger, sinnlicher, seelischer, motorischer und sozialer Reifung.

Dieses Buch beschreibt, wie sich die normale Entwicklung eines Kindes sinnvoll aufbaut, welche großartigen Leistungen der junge Erdenbürger vollbringt und wie zielsicher er seine Eigenständigkeit anstrebt. Die Vorgänge dieses Prozesses werden dabei anhand der Bewegungsentwicklung veranschaulicht. Deren Ablauf ist deshalb einsichtig, weil man auch dort immer bei der untersten Stufe beginnen und von ihr aus zur nächsten weiterschreiten muss. Das Buch ist daher chronologisch aufgebaut und zeigt auch, wie eng die emotionale und geistige Entfaltung mit der körperlichen verknüpft ist. Ist Ihr Kind in seiner Bewegungsentwicklung schon weiter fortgeschritten, als es das oder die ersten Kapitel beschreiben, sollten Sie diese trotzdem lesen, um den sich folgerichtig aufbauenden Prozess nachvollziehen zu können.

Dieses Wachstum können Sie als Eltern oder Bezugsperson fördern, aber auch behindern. Der Wachstumsboden kann bereitet und gepflegt werden durch Interesse, Einfühlungsvermögen, Liebe – und Wissen. Das Wissen kann, wie ich meine, vorhandenes Interesse und Einfühlungsvermögen, vorhandene Liebe verstärken und mehren. Es erlaubt Ihnen, die Aktivitäten des Kindes zu verstehen und zu unterstützen und seine Bedürfnisse zu akzeptieren. So können Sie sich an seinen neu erworbenen Fähigkeiten freuen, ohne das kleine Wesen mit Ihren Erwartungen zu überfordern.

Ihr Kind entwickelt sich stufenweise vom hilflosen Säugling zum selbständigen Kleinkind.

Messen wir daher die einzelnen Stufen nicht nach dem Alter des Kindes. Das ist zweitrangig, auch wenn dieser Maßstab sehr gebräuchlich scheint. Das Kind lernt nicht deswegen, sich durch Krabbeln fortzubewegen, weil es so und so viele Monate alt geworden ist. Es beginnt nicht deshalb zu sitzen, weil das nach der Tabelle einer Vorsorgeuntersuchung für dieses Alter vorgeschrieben ist. Daher verzichte ich auf Altersangaben, weil ich oft erlebe, dass Eltern sich davon verunsichert und unter Druck fühlen.

Tabellen können nur wenig über die individuelle Entwicklung eines Babys aussagen.

Vielmehr ist es das Bedürfnis Ihres Babys nach Entwicklung, Wachstum und Entfaltung, die es motivieren und befähigen, Stufe um Stufe zu erklimmen, Phase um Phase zu durchschreiten, um zu Selbstvertrauen und Eigenständigkeit zu gelangen.

> In meiner jahrzehntelangen Arbeit mit unzähligen Babys und Kindern, in den Gesprächen mit deren Eltern, Großeltern und Bezugspersonen habe ich die Erfahrung gemacht, dass jedes Kind als eigene Persönlichkeit betrachtet und respektiert werden sollte, die sich in ihrer Zeit, in ihren Rhythmen und auf ihre Weise entwickelt. Jedes Kind bringt seinen einzigartigen Fingerabdruck mit in sein Leben. Das macht den Versuch so problematisch, mit normierten Tabellen und »vorgeschriebenen« Messlatten das Verhalten eines Kindes bewerten und beurteilen zu wollen.

Gleichzeitig gibt es eine Art von »Entwicklungsstruktur« – oder besser einen Entwurf davon –, der es einem Baby erlaubt, die ganze Fülle seiner Möglichkeiten zu entdecken und zu erleben, die ihm gerade in der reichen Zeit seiner frühen Entwicklung zur Verfügung stehen.

Die Anregungen dieses Buches sollen dazu dienen, Sie in Ihren Bemühungen um förderliche Bedingungen für Ihr Kind zu unterstützen. Sie sind nicht gedacht als Rat-»Schläge«, die Sie dogmatisch befolgen müssten – oder mit denen Sie sich unter Druck setzen und Schuldgefühle machen sollten, wenn Sie meinen, das eine oder andere versäumt zu haben!

Außer meinem beruflichen Umgang mit Kindern war ich selbst damit beschäftigt, meine eigenen zwei Söhne durch ihre verschiedenen Wachstumsphasen zu begleiten. Sie haben mich – neben vielen anderen Erkenntnissen – gelehrt, dass es einen erheblichen Unterschied gibt zwischen dem, was ich mir als »perfekte« Mutter vorgenommen hatte, und dem, was ich im Alltag tatsächlich verwirklichen konnte.

> Sehr froh bin ich jedoch darüber, dass meine Kinder rückblickend nicht sagen:
> »Meine Mutter hat mich aufgezogen«, sondern:
> »Meine Mutter hat mich wachsen lassen«.

Das Anliegen meines Buches ist es eben nicht, Ihnen ein Programm oder ein Rezept zu verordnen, was Sie zu tun oder zu lassen haben. Vielmehr möchte ich Ihnen aus dem Schatz meiner Erfahrungen, aus vielen Beobachtungen und Erlebnissen die Möglichkeit geben zu erkennen, wie sinnvoll und folgerichtig die einzelnen Entwicklungsstufen Ihres Kindes aufeinander aufbauen. Mit dem Wissen dieses Entwicklungsaufbaus können Sie den für Sie und Ihr Baby passenden Weg Schritt für Schritt finden und gehen und es dabei in seiner Bewegungsentfaltung spielerisch unterstützen.

Laden Sie sich und Ihrem Kind kein Pflichtprogramm auf.

Die Botschaften der Körpersprache

In der Vorbereitung für dieses Buch habe ich mich durch verschiedene Ratgeber und wissenschaftliche Werke gearbeitet. Die mannigfachen psychologischen, physiologischen, verhaltenstheoretischen Erkenntnisse der aktuellen Forschung werden darin jedoch meist völlig losgelöst von der körperlichen Entwicklung betrachtet und beschrieben. Damit gehen sie an der Lebenswirklichkeit der Kinder ebenso vorbei wie an den Bedürfnissen der Eltern. Im Verlauf der vielen Jahre meiner Arbeit habe ich häufig erlebt, dass es Eltern »wie Schuppen von den Augen fiel«, als sie begannen, die Bewegungsentwicklung ihrer Kinder zu verstehen.

Diese »Sprache« der Kinder ist derart offensichtlich, dass wir sie häufig gar nicht als aussagekräftige Sprache wahrnehmen, sondern dazu neigen, sie in ihrer Selbstverständlichkeit zu überhören und zu ignorieren. Der überrascht-erleichterte Ausruf eines Vaters dazu scheint mir typisch: »So einfach kann das doch nicht sein!«

Tatsächlich kann das Umgehen und Begleiten Ihres Babys sehr einfach sein, wenn Sie beginnen, seine Bedürfnisse, seine Signale, seine »Sprache« zu verstehen. Dazu eignet sich ganz offensichtlich, den Botschaften seiner Körpersprache zu lauschen, das heißt, dass Sie zunächst einmal wahrnehmen, dass es diese Sprache und Ausdrucksmöglichkeit Ihres Kleinen überhaupt gibt.

Die Kenntnis der natürlichen Entwicklungsschritte soll Sie dazu ermutigen, die Bewegungsfreude und Neugierde Ihres Kindes zu unterstützen, weil dies notwendige Antriebskräfte des körperlichen und geistigen Wachstums und der ganzheitlichen Entwicklung sind.

Die Wahrnehmungsfähigkeit wächst

Ich will Ihnen nun anhand meiner Beobachtungen aus meiner Arbeit mit unzähligen Babys anschaulich machen, wie sehr die Bewegungsentwicklung Ihres Babys mit dem Wachsen der sinnlichen Wahrnehmungsfähigkeit zusammenhängt.

Ich will ertasten und erschmecken

Zur Wahrnehmungsfähigkeit gehören zuallererst all die Eindrücke und (im wahrsten Sinne) Einflüsse, die das Baby über Tast-, Geschmacks- und Geruchsempfindungen seines Mundes erlebt – und was diese Empfindungen in ihm auslösen: Gefühle von Sättigung, Lust, Geborgenheit, Vertrautheit, aber auch Ekel, Befremden, Verletzlichkeit, Berührbarkeit usw.

Ich will in Kontakt sein

Es ist die Lust Ihres Kindes, mit seiner Umgebung, zuallererst mit Ihnen, in Kontakt zu kommen, Ihre Signale und Botschaften zu verstehen, um sie mit all seinen Möglichkeiten zu beantworten. Sehr bald werden Sie spüren und erkennen, dass Ihr Dialog mit Ihrem Kleinen schon ganz früh stattfindet, lange bevor es sich verbal äußert. Dieser Dialog drückt sich aus durch die Art, wie Sie Blickkontakt aufnehmen, es berühren, am Klang Ihrer Stimme – über Ihre Körpersprache.

Wenn Sie die Bewegungsentwicklung Ihres Babys aufmerksam verfolgen, können Sie über seine Körpersprache immer besser verstehen lernen, was es ausdrückt – und das schon lange, bevor es sprechen kann.

Ich will in Bewegung sein

Der Entwicklungsvorgang weitet sich aus, wenn es darum geht, einen Raum zu ermessen. Mittels Handmotorik kann das Kleine einen Gegenstand werfen, den es mit seinen Augen fixiert und verfolgt. Sobald die Gesamtmotorik stabil genug ist, wird es hinter dem Gegenstand herkrabbeln und versuchen, seiner habhaft zu werden … auf dass das Spiel von neuem beginne.

Nicht nur die *Aufeinanderfolge* der einzelnen Phasen ist bedeutsam, auch das *Zusammenspiel* der verschiedenen Fähigkeiten und Funktionen ist Ihrer Aufmerksamkeit wert.

Ich will erkennen und verstehen

Sinnliche Wahrnehmungen bereiten also geistiges Unterscheidungsvermögen vor; motorische Handlungen dienen als Anreiz, räumliche

11

Dimensionen auszuloten und Sensibilität für die Umwelt zu erlernen. Die zwischen diesen Fertigkeiten bestehenden Beziehungen bahnen soziale Kontakte an und verstärken sie.

> **Bei jeder Entwicklungsphase wird deutlich, dass sich motorische, sinnliche, geistige und soziale Vorgänge nicht voneinander lösen lassen. Auf ihrer Einheit und ihrem Zusammenspiel baut die Entwicklung der Persönlichkeit auf.**

Die Grundlagen der Bewegungsentwicklung sichtbar zu machen, bedeutet zugleich, wichtige Ansatzpunkte zur Personwerdung aufzuzeigen. Dieser Prozess beginnt damit, dass mit der zunehmenden Differenzierung der sinnlichen Fähigkeiten das Bedürfnis zunimmt, mit allen Ausdrucksmöglichkeiten, eben auch mit den motorisch-körperlichen, auf Wahrnehmungen zu antworten. Unter diesen Gesichtspunkten ist es in der Tat unwichtig, bei der Entwicklung der kindlichen Bewegung die Zahl der Lebensmonate als Maßstab anzulegen. Eltern, die Einblick in die Zusammenhänge gewonnen haben, mit den aufeinander folgenden Schritten vertraut sind und das Ineinandergreifen der einzelnen Funktionen erkennen, werden gelassener die körperliche und geistige Entwicklung begleiten.

Ein Kind will sich mit all seinen Möglichkeiten ausdrücken.

Ich will wachsen und mich ausdrücken

Sie werden immer mehr erfahren, dass der Weg vom hilflosen Neugeborenen zum selbständigen Kleinkind weit, mühsam und manchmal sogar schmerzhaft sein kann. Waren die ersten Kontakte zur Umwelt noch undeutlich, war zum Beispiel am Schreien Ihres Kleinen noch nicht zu erkennen, ob es Hunger oder Schmerzen hatte, werden seine Äußerungen immer deutlicher und verstehbarer.

So nimmt es bald seine Umwelt klar und aufmerksam wahr und lernt, auf sie zu reagieren: sich fortzubewegen, sich aufzurichten, sich immer besser verständlich zu machen und zum Ausdruck zu bringen.

In den folgenden Kapiteln soll Schritt für Schritt die gedeihliche Entwicklung des Kleinkindes herausgestellt werden. Ich will auf die Voraussetzungen eingehen, die es für sein Wachstum braucht. Dabei wird vor allem die Rede davon sein, was Eltern dazu tun, wie sie fördern können, aber auch, welche gröbsten Fehler sie vermeiden können.

Mein Ziel ist es, die Eltern zu Gesprächen, Kontakten und weiteren Bemühungen um Information anzuregen, damit ihnen der Zusammenhang immer deutlicher wird, der zwischen der Entwicklung der Bewegung und der Entwicklung der Persönlichkeit besteht. Es bedarf dann nicht mehr normierter Aufgabenstellungen, Tests und tabellarischer Fortschrittslisten, um zu wissen, welches Spielzeug und welchen Spielraum Kinder brauchen.

Ein wunderbares Abenteuer kann beginnen

Ich möchte Sie einladen, sich von Ihrem Kleinen dazu anregen zu lassen, das kleine Kind in sich selbst wahrzunehmen. All die Unverzagtheit und Neugier hat auch Sie beflügelt und befähigt, sich aus Unbeholfenheit und Hilflosigkeit zu der selbständigen, erwachsenen Persönlichkeit zu entwickeln, die Sie heute sind. Im Verlauf unseres Erwachsenwerdens erleben wir Verletzungen, Enttäuschungen und Frustrationen, die uns verunsichern und irritieren können.

Ihr Baby liebevoll und zugewandt zu beobachten, kann Ihnen den Weg öffnen, sich Ihre eigene Unbefangenheit und Kreativität wieder zugänglich zu machen. Wenn Sie Ihr Kind mit der inneren Einstellung betrachten, dass Sie beide Neuland betreten, werden Sie Ihren kleinen »Lehrer« mit anderen Augen sehen, als wenn Sie sich den Druck machen, alles können und wissen zu müssen. Sie werden entspannter und aufmerksamer seine Signale beobachten und können für möglich halten, dass Ihnen Ihr Kind Antworten und Anregungen liefert.

Lassen Sie sich von Ihrem Baby auf eine Abenteuerreise führen.

Zeiten der Unsicherheit sind normal

Es mag Situationen geben, in denen Sie sich hilflos und überfordert fühlen, in denen Sie sich zwiespältig fühlen zwischen Ihren eigenen Bedürfnissen und denen Ihres Kindes, zwischen »guten Ratschlägen« und Ihrer Intuition. Sobald Sie Ihr Baby als Verbündeten sehen, es in Ihre Entscheidungen einbeziehen, wird es Ihnen leichter werden, mit ihm gemeinsam den Weg zu finden, der Ihnen beiden gerecht wird und entspricht.

Die Beschreibung der einzelnen frühen Entwicklungsschritte mag dazu dienen, Sie kundig zu machen, um den jeweiligen Bedürfnissen Ihres Kindes Rechnung zu tragen. Wie schon gesagt, soll sie Ihnen jedoch keineswegs den Druck machen, nur ja alles richtig oder gar perfekt machen zu müssen. Alle Kinder haben »menschliche« Eltern, die mal mit eigenen Problemen beschäftigt und unaufmerksam sein können, die unsicher oder befangen sein mögen, die sich überfordert oder mutlos fühlen. Sehen Sie Ihre Beziehung zu Ihrem kleinen, neuen Lebensgefährten als gemeinsame Entdeckungsreise, bei der Sie beide erste Schritte wagen, neue Wege zu erkunden. Zwar haben Sie Ihrem kleinen Weggenossen die Erfahrung vieler Schritte und Strecken voraus, doch sind Sie im Entdecken Ihres Daseins als Eltern genauso auf unerforschtem Gebiet unterwegs wie Ihr Kind in seinem Dasein auf dieser Erde.

Das gilt auch, wenn dieses Baby schon ältere Geschwister hat. Auch und gerade dann ist es notwendig, es mit neuen, unbefangenen Augen zu sehen, um ihm in seiner Einzigartigkeit gerecht zu werden. Auch die älteren Geschwister können aus Ihrer Begleitung des Kleinen profitieren. Leicht und kompetent können Sie die in Ihre Entdeckungen und Beobachtungen einbeziehen. Kinder lieben Berichte und Geschichten aus ihrer frühen Kindheit. Sie können die verschiedenen Entwicklungsstufen Ihres Jüngsten zum Anlass nehmen, den älteren aus dem Schatz Ihrer Erinnerungen von deren entsprechenden Mühen und Erfolgen zu erzählen. Dadurch vermeiden oder verringern Sie eine der Wurzeln, die oft zu geschwisterlicher Eifersucht führen: Die Älteren werden sich nicht ausgeschlossen und übergangen fühlen, sondern eher bereit sein, das Baby zusammen mit Ihnen zu bemuttern oder zu bevatern.

So beugen Sie geschwisterlicher Eifersucht vor.

Es ist gut möglich, dass ein größeres Geschwister plötzlich wieder »Baby« spielen will, dass es noch mal gefüttert oder gewindelt werden will. Auch wenn es momentan nach Mehrarbeit und -belastung aussieht, betrachten Sie einen solchen »Rückfall« gelassen. Er wird, wenn Sie ihn einfach als kleinen, natürlichen Ausdruck seines Bedarfs nach Ihrer Zuwendung und Beachtung annehmen und »mitspielen«, von kurzer Dauer sein. Der Reiz, überlegen, groß und erwachsen zu sein, wird sehr schnell überwiegen und die Beschützerinstinkte aktivieren!

Wesentlich bei allen Entwicklungsphasen, ob bei Ihren größeren Kindern oder bei Ihrem Baby, ist immer, die momentane Lage als Phase zu sehen, als Durchgangssituation, die umso reibungsloser ab-

läuft, je weniger Sie versuchen, dagegen anzukämpfen. Sie sollten die Lage nicht dadurch verschärfen und verhärten, dass Sie meinen, wenn das Kind im Moment so oder so reagiert, Sie nervt oder verunsichert, das bliebe immer und lebenslang so oder werde zu einem unangenehmen Charakterzug Ihres Sprösslings, den Sie gleich jetzt energisch bekämpfen müssten. Betrachten Sie vielmehr gelassen, was im Moment gerade die Schwierigkeit und das Problem ist. Versetzen Sie sich immer wieder in die Lage Ihres Kindes und seien Sie bereit, mit ihm zusammen die Situation zu meistern.

Meine Beschreibung mag Ihnen als Wanderkarte dienen, die Ihnen dieses Neuland zugänglich machen will und Ihnen die Wahl geben kann, auch jenseits der eingetragenen Routen und eingelaufenen Trampelpfade Ihren eigenen Weg zu finden – als Orientierungsmöglichkeit also, nicht als Dogma. Freuen Sie sich auf die Reise!

Jetzt helfen Gelassenheit und Vertrauen in die Entwicklungsfähigkeit Ihres Babys.

15

Das Neugeborene
Auf der Erde ankommen

Die ersten Tage und Wochen sind die Zeitspanne, um zu beobachten, wie das Baby auf der Welt ankommt, wie es beginnt, sie wahrzunehmen, sich in ihr zu bewegen, sich in ihr auszudrücken.

Das Baby betrachten und sich einfühlen

Der Mund ist die erste Pforte, die uns mit unserem irdischen Dasein in Kontakt und Beziehung bringt. Schon der erste Atemzug strömt in Mund und Nase und entlockt uns den ersten Laut oder Schrei. Darüber hinaus ist es die Pforte, die in der frühen Zeit der Kindheit als *das* kompetente Sinnesorgan dient, mit dem ein Baby all seine Entdeckungen überprüft und für sich »schmackhaft« macht. Lange bevor es seine Sprache entwickelt, spielt es mit der ganzen Vielfalt seiner Lautbildung, prustet, gurrt, spuckt und bläst und verfügt über all die Ausdrucksmöglichkeiten von Lippen, Zunge, Gaumen, zusammen mit der ganzen Palette sinnlicher Wahrnehmung. Und schon diese erste Kontaktaufnahme Ihres Kindes ist mit Bewegung verbunden: Kurz nach der Geburt ist Ihr Baby fähig zu saugen und zu schlucken.

Mit der Empfindsamkeit seiner Haut kommt es in Beziehung mit den Daseinsbedingungen der Erde, die es nach der gleich bleibenden Wärme im Mutterleib und dem stoßdämpfenden Schutz des Fruchtwassers rau, kalt und grob erlebt. Auch darauf reagiert es mit Bewegung: Es rollt sich Schutz suchend in seine gewohnte Embryohaltung.

Wenn wir vom Neugeborenen weitergehen und den kleinen Säugling betrachten, kommen ganz bald die sinnlichen Möglichkeiten seiner Augen und seiner Ohren mit ins Spiel. Seine Sehfähigkeit, die ihm zunächst nur hell und dunkel und schemenhafte Eindrücke vermittelt hat, wird zunehmend genauer und deutlicher, so dass es schon bald Ihr vertrautes Gesicht von fremden unterscheiden kann. Doch der kleine Erdenbürger bezieht seine Informationen aus vielen verschiedenen Quellen. Das Gehör wird zunehmend feiner. So kommt seine Unterscheidungsfähigkeit von vertraut und fremd nicht allein durch seine Augen-Blicke, sondern es folgt auch dem Klang Ihrer Stimme, den er schon aus seiner Zeit im Mutterleib kennt.

Der Beginn einer neuen Beziehung

Auch die Art, wie Sie Ihr Baby tragen und anfassen, wie Sie es anschauen, gehört zu seinen Möglichkeiten, Sie eindeutig zu identifizieren. Wenn Sie es auf Ihre linke Brustseite legen, spürt und hört es nicht nur den Rhythmus Ihres Atems, sondern auch Ihren Herzschlag, lauter vertraute Geräusche, die ihm das Gefühl von Geborgenheit schenken. In Momenten, in denen es trostbedürftig ist, kann diese Art, Ihr Baby zu tragen und zu halten, sehr beruhigend wirken.

Schließlich erkennt es Sie auch daran, wie Sie es anfassen, aufnehmen, wie Sie es im wahrsten Sinne behandeln. Sie spüren selbst, wie verschieden es auf Ihr Hantieren antwortet. Je nachdem ob Sie in Eile, angespannt, abwesend oder ängstlich mit ihm in Kontakt kommen oder ob Sie aufmerksam, ermutigend, freudig mit ihm in Beziehung sind, wird es unruhig oder lustvoll auf Ihre Nähe reagieren.

Das heißt nicht, dass Sie ihm nur in Höchstform begegnen dürfen, sondern dass Sie einfach wahrnehmen und aussprechen sollten, was Sie gerade beschäftigt und »treibt«. Auch wenn Ihr Baby Ihre Worte längst noch nicht verstehen kann, wird es so spüren: Jetzt ist eine Ausnahmesituation und ich werde informiert und einbezogen. Das wirkt auf das kleine Wesen sehr viel entspannender, als wenn Sie versuchen, ihm Ihre Aufregung mit einem aufgesetzten Lächeln zu verheimlichen. Dazu kommt, dass es für Sie selbst einfach klarer und erleichternder ist, sich Ihren momentanen Gemütszustand bewusst zu machen und ihn an- und auszusprechen, anstatt sich damit zu plagen, ihn überspielen zu wollen.

Ihr Baby spürt Ihre Unruhe, auch wenn Sie versuchen, sie zu verstecken.

Wieder sind es seine Bewegungen, an denen Sie sein Befinden ablesen können. Liegt es ruhig, satt und zufrieden, wird es ganz locker und genüsslich strampeln, eins mit sich und der Welt. Fühlt es sich dagegen gequält von Bauchschmerzen, wird sich sein kleiner Kör-

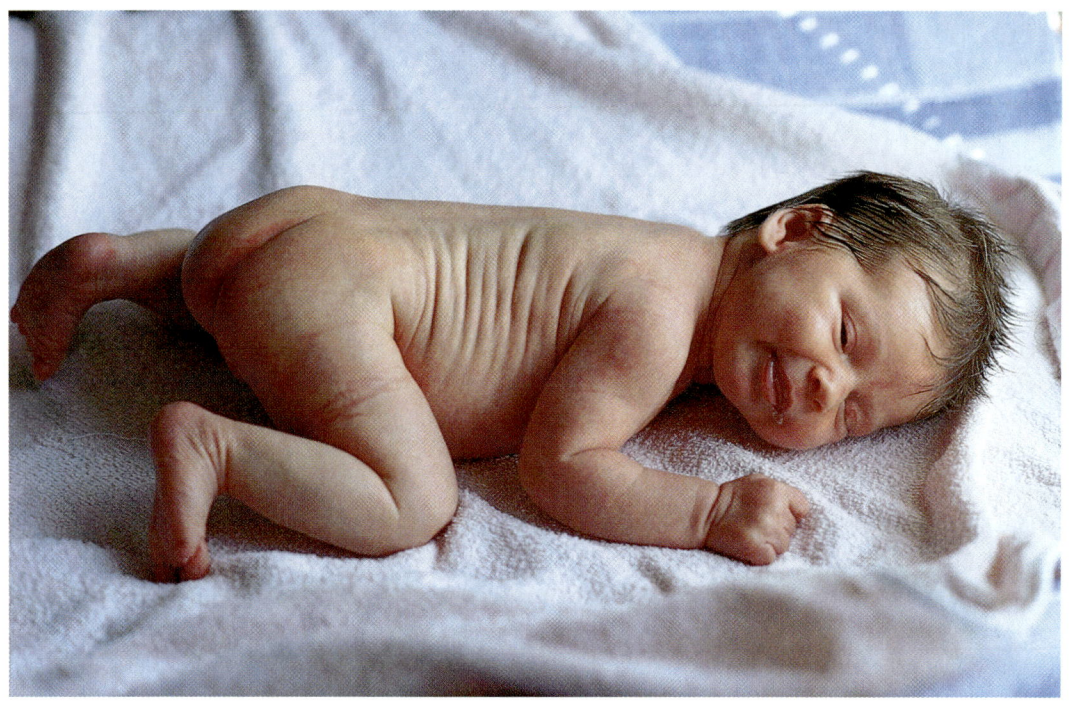

Schritt für Schritt lernen Sie und Ihr Kind sich besser kennen. Fühlen Sie sich immer wieder in Ihr Baby ein und versuchen Sie nachzuempfinden, wie viele neue Erfahrungen es tagtäglich macht.

per krümmen und verkrampfen oder aus dem Strampeln wird ein verzweifeltes Treten, als wollte es versuchen, dem Schmerz damit zu entkommen.

Ein Baby kann zu Beginn nur helle und dunkle Kontraste wahrnehmen; allmählich unterscheidet es Formen und ist in der Lage, Personen und Gegenstände, die es wiederholt gesehen hat, wiederzuerkennen. Ebenso ist es mit dem Hören: Zuerst wird nur ein Geräusch wahrgenommen, später wird es die Quelle des Geräuschs so lange mit seinem Blick suchen, bis es sie gefunden hat.

Entwicklung vollzieht sich immer in Bewegung.

Sind diese Fähigkeiten entwickelt, kann erst das Bedürfnis nach weiter ausgreifenden und genaueren Bewegungen aufkommen. Das Kennenlernen der Umgebung weckt in Ihrem Baby den Wunsch, mit ihr in Kontakt zu treten, sich ihr zuzuwenden und mitzuteilen. Ihr Kind beginnt, seinen Kopf zur Geräusch- oder Lichtquelle zu wenden, seine Sinnesorgane also auf die Ursache des Reizes auszurichten. Bereits diese erste Kontaktsuche, diese Zuwendung ist mit Bewegung verbunden.

Gleichermaßen entwickelt es die Fähigkeit, sich abzuwenden. Schrille Geräusche bewegen es ebenso wie grelles Licht oder beißender Geruch dazu, sein Gesichtchen wegzudrehen, sich dem ihm Unangenehmen zu entziehen.

Zusammenfassung

- Beobachten Sie Ihr Neugeborenes mit liebevoller Aufmerksamkeit. Lernen Sie sich beide jeden Tag ein Stückchen besser kennen.
- Das Baby nimmt Ihre Stimmungen vor allem über Ihre Körpersprache wahr. Es ist kaum möglich, sie vor ihm zu verbergen – und auch gar nicht sinnvoll.
- In den ersten Wochen erlebt Ihr Kind die Welt vor allem über seine Sinneswahrnehmungen, die sich immer weiter schärfen.
- Je genauer Ihr Baby seine Umwelt wahrnehmen kann, umso größer wird sein Wunsch, sich in ihr zu bewegen, sie zu begreifen und sich in ihr auszudrücken.
- Aus diesem Bedürfnis heraus vollzieht sich Stufe um Stufe seine körperliche, mentale und emotionale Entwicklung.

Die Körperlagen
Basis der weiteren Entwicklung

Als Neugeborenes liegt Ihr Kind auf dem Rücken oder Bauch, so wie Sie es hingelegt haben. Es kann sich seine Lage noch nicht selbst aussuchen und ist darauf angewiesen, dass Sie es in die Lage bringen, die ihm angenehm ist.

Die verschiedenen Lagen kennen lernen

Betrachten Sie Ihr auf dem Rücken liegendes Kind in aller Ruhe und Genauigkeit: Das Baby hat seine Ärmchen meist seitlich an den Brustkorb gezogen, die Ellbogen sind angewinkelt, die Hände zu Fäustchen geballt. Seine Beinchen hat es an-, die Knie zum Bauch hochgezogen. Wenn Sie versuchen, sein Knie in dieser Lage zur Seite zu drehen, bewegt es seinen ganzen Körper in diese Richtung mit. Aber das sollten Sie erst tun, wenn Sie Ihr Baby in dieser Haltung immer wieder beobachtet haben.

Wenn Sie mit Ihrem Kind reden, so wird es bald anfangen zu strampeln. Dabei kann es schon einmal mit einer fahrigen, nicht gezielten Bewegung seine Fäustchen dem Mund nähern. Beobachten Sie, ob die Bewegungen seiner Arme und Beine links genauso intensiv und leicht sind wie rechts und ob es seinen Kopf mal auf die eine, mal auf die andere Seite dreht. Sie sollten Ihren Kinderarzt aufsuchen, wenn Ihr Kind ausschließlich auf eine Seite geneigt liegt oder wenn es sich nur einseitig bewegt. Auch wenn es seinen Kopf krampfhaft nach hinten drückt, so dass sich sein Hinterkopf ins Kissen gräbt, ist das ein Grund, Ihren Arzt zu konsultieren.

Wenn es sich heftig bewegt, kann es noch an seiner eigenen Bewegung erschrecken. Dies äußert sich darin, dass es seine Arme auseinander reißt und die Beine streckt. Dieser Vorgang – Schreckreflex genannt – kann auch durch plötzliche Geräusche ausgelöst werden.

Der Schreckreflex ist bei Säuglingen häufig zu beobachten.

Im Neugeborenenalter ist das ganz unbedenklich. Auch ist es normal, wenn es seine Hände noch überwiegend geballt hält.

Verteilen Sie Ihre Beobachtungen und zurückhaltenden Betrachtungen mit Ihrem Baby auf kleine Portionen von jeweils fünf bis zehn Minuten. Setzen Sie sie erst fort, nachdem sich Ihr Kind ausgeruht hat. Dazu noch einige kleine Anregungen:

Legen Sie das Baby am besten vor der Mahlzeit auf den Bauch. Es wird sofort schützend sein Gesicht zur Seite wenden, um Mund und Nase zum Atmen frei zu halten. Vielleicht versucht es schon, für kurze Zeit seinen Kopf zu heben und stützt dazu sein Gewicht auf seine Unterarme. Oder es bewegt seine Hände ungezielt in Richtung seines Gesichtes. Sobald Ihr Kind stöhnt oder unruhig wird, signalisiert es Ihnen, dass ihm die Bauchlage unbequem ist. Dann sollten Sie es auf den Rücken drehen und ausruhen lassen.

Drehen Sie Ihren Säugling gelegentlich in die Bauchlage, kann er die Welt aus einer ganz neuen Perspektive sehen.

Oft ist einem Neugeborenen oder sehr jungen Säugling die Bauchlage deswegen unangenehm, weil es noch in einer starken Beugehaltung liegt, d.h. seine Knie und Beine hat es unter den Bauch gezogen, seine Arme liegen gebeugt unter dem Körper. Diese Stellung hat es ihm erlaubt, mit einem Platzminimum im Mutterleib auszukommen. Es kann noch einige Wochen dauern, bis es diese starke Beugehaltung allmählich verliert.

In der Bauchlage also vermag Ihr Kind zwar seinen Kopf zur Seite zu drehen, damit es frei atmen kann, es hat aber noch keine Möglichkeit, sich auf die Seite oder auf den Rücken zu drehen, um bequem zu liegen. Solange Ihr Kind so klein und hilflos ist, sollten Sie es abwechselnd auf den Rücken und, wenn es wach ist, für kurze Zeit auf den Bauch legen. Behalten Sie es dabei im Auge, damit Sie es jederzeit in eine andere Lage umdrehen können, sobald es Unbehagen zeigt.

So können Sie ihm helfen, sich langsam an die Bauchlage zu gewöhnen: Drehen Sie es in diese Lage und drücken Sie behutsam seinen Po auf die Unterlage. Dadurch kann es leichter seinen Kopf anheben. Probieren Sie das anfangs ein-, höchstens zweimal am Tag. Vorsichtig ausgeführt, wird Ihrem Kind diese kleine Übung gefallen. Es hört Ihre Stimme, spürt die Berührung Ihrer Hände, fühlt Ihre

Sie können Ihrem Baby behutsam helfen, sich an die Bauchlage zu gewöhnen.

aufmerksame Zuwendung und erlebt, dass Sie seine Bemühungen unterstützen.

Langsam und vorsichtig dosiert, wird Ihr Kind Freude daran bekommen, auf dem Bauch zu liegen, um so seine Umgebung besser zu sehen. Außerdem bekommt es Sicherheit in seiner räumlichen Orientierung, nimmt es doch seine Welt aus einem ganz anderen Blickwinkel als aus der Rückenlage wahr.

> Vielleicht haben Sie Lust, selbst auszuprobieren, wie sich die Welt verändert, je nachdem, ob Sie sie aus der Rücken- oder aus der Bauchlage betrachten. Oft sind uns diese Dinge so selbstverständlich, dass sie unserer Wahrnehmung entgehen. Immer wieder kann es hilfreich sein, wenn Sie sich im wahrsten Sinne in die Lage Ihres Kindes versetzen, um es gleichsam von innen zu verstehen. Das gibt Ihnen die Freiheit, von Fall zu Fall eigenständig und kompetent zu entscheiden, und macht Sie unabhängig von starren Richtlinien oder überkommenen Konzepten.

In der Bauchlage gibt es zwei Auffälligkeiten, die Sie veranlassen sollten, Ihren Kinderarzt aufzusuchen. Sie sollten der Sache nachgehen, wenn das Baby
• sein Gesicht nicht schützend zur Seite dreht, um frei atmen zu können, oder
• seinen Kopf so steil im Nacken hält, dass es dauernd droht, zur Seite zu kippen.

Unbedenklich ist jedoch, wenn es die Bauchlage nur für kurze Zeit akzeptiert. Dafür hat es einige gute Gründe: Die Stützfunktion seiner Arme ist noch nicht so weit entwickelt, dass es damit seine Rückenmuskulatur bei der schwierigen Arbeit des Kopfhebens genügend entlasten könnte. Es muss also seinen Kopf fast ausschließlich mit seinen Rücken- und Nackenmuskeln halten und erschöpft sich entsprechend rasch.

Beobachten Sie auch, wie Ihr Kind sich verhält, wenn Sie es auf eine Seite legen. Es sollte sich unwillkürlich einrollen wie ein Embryo, die Ärmchen am Brustkorb gebeugt, die Beinchen zum Bauch hochgezogen, den Rücken gekrümmt. Betrachten Sie nach einer angemessenen Ruhepause auch die Lage auf seiner anderen Seite und vergleichen Sie. Bedenklich ist es, wenn Ihr Kind anstatt die Embryoaltung einzunehmen, seinen Rücken streckt, den Kopf in den Nacken wirft und dabei die Beinchen überkreuzt und streckt.

Es wird Ihnen auffallen, dass ich häufige Ruhepausen empfehle. Auch diese Ruhepausen sind geeignet, Ihr Kind liebevoll und mit Freude zu beobachten. Richten Sie Ihr Augenmerk auf ein Detail, zum Beispiel auf eine Hand. Sie werden erstaunt sein, wie viele Ausdrucksmöglichkeiten diese kleine Hand schon hat: Das Fäustchen kann sich auf ganz verschiedene Weise öffnen und schließen, je nachdem, ob Ihr Baby zufrieden vor sich hinspielt, ob es schläft oder hungrig und aufgeregt ist. So klein diese Hand auch ist, sie vermag schon Gefühle mitzuteilen. Je länger und genauer Sie diesem einfachen Bewegungsspiel Ihre Aufmerksamkeit schenken, umso mehr Nuancen werden Sie mit der Zeit herauslesen, umso größer wird Ihre Vertrautheit mit Ihrem Kind.

So können Sie zum Beispiel damit beginnen auszuprobieren, wie Ihr kleiner Partner darauf reagiert, wenn Sie sehr ruhig und vorsichtig mit Ihrem Finger sein Händchen berühren. Vielleicht ist seine »Antwort« ganz anders, wenn Sie es so spielend-aufmerksam berühren, als wenn Sie wickelnd und versorgend mit ihm beschäftigt sind. Dies hilft Ihnen, sich an seiner harmonischen Entwicklung zu freuen, aber auch Unregelmäßigkeiten zu erkennen. Diese ruhige, aufmerksame Beschäftigung mit Ihrem Kind befähigt Sie auch zu erkennen, wenn sich Auffälligkeiten zeigen, die Ihr Kind nicht alleine überwinden kann.

Dazu noch eine Anregung: Nehmen Sie Ihr Kind so auf Ihren Schoß, dass es mit seinem Rücken an Ihrem Brustkorb lehnt. Spüren Sie nun, dass es sich locker und entspannt an Ihren Körper schmiegt? Gleichsam ankuschelt? Sollten Sie jedoch in dieser Haltung den Eindruck haben, der ganze Körper Ihres Kindes sei durchgespannt und überstreckt, wobei es seinen Hinterkopf stark in Ihren Brustkorb drückt, sollten Sie Ihren Kinderarzt konsultieren. Dies gilt, wenn Sie Ihr Kind in einer eigentlich entspannten Situation bei dieser Überstreckung beobachten. Unbedenklich ist dieses »Aufbäumen«, wenn Ihr Kind hungrig ist oder Schmerzen hat.

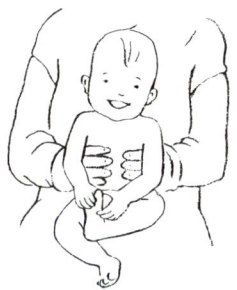

Angelehnt an Ihre Brust sitzt das Baby entspannt und locker auf Ihrem Schoß.

Schon jetzt, in diesen ersten Wochen und Monaten, können Sie die Entwicklung Ihres Kindes entscheidend begünstigen und fördern, wenn Sie es in dem Raum, in dem Sie sich aufhalten, zeitweise auf den Fußboden legen. Breiten Sie dazu eine Wolldecke aus und sorgen Sie dafür, dass der Raum eine Temperatur von 22 bis 25°C hat. Empfinden Sie den Fußboden als zu hart oder zu kalt, räumen Sie alles Bettzeug bis auf die Matratze aus dem Kinderbett, damit sich Ihr Baby hier ungestört und geschützt bewegen kann. Es sollte schon jetzt die Möglichkeit haben, seine Bewegung gefahrlos zu erfahren, mit ihr zu spielen. Ganz besonders schön ist dieses freie Bewegen für Ihr Baby, wenn es befreit von aller Kleidung, nackt sein kann.

Selbstverständlich darf es nicht, auch nicht für kurze Zeit, unbeaufsichtigt auf dem Wickeltisch oder auf dem Sofa liegen. Selbst sehr junge Babys können schon einen genügend großen Aktionsradius entwickeln, um herunterzufallen.

Sie werden erstaunt sein, wie viel dieses kleine Wesen schon »mit sich anzufangen weiß« – und Sie werden lernen zu erkennen, welch harte, konzentrierte Arbeit Spielen bedeuten kann. Sie können beobachten, wie zufällige Bewegungen mehr und mehr zugehörig werden, wie Ihr Kleines mit Einsatz seiner ganzen Aufmerksamkeit »begreift«, dass seine Hände zu ihm gehören und ihm allmählich gehorchen.

Als Erwachsene machen wir uns kaum noch bewusst, dass wir unser Körpergefühl erst mühsam und auch manchmal schmerzhaft entwickeln mussten. Ihr Baby kann ein sehr eindrucksvoller Lehrer sein, noch einmal neu und staunend zu entdecken, dass der Mensch am Beginn seines Lebens wirklich alles einsetzen muss, um in Beziehung mit seinen Händen und Füßen zu kommen, um seine Arme und Beine »einzugliedern«. Wenn Sie bereit sind, Ihr Kind von Anfang an wach und neugierig zu beobachten, werden Sie auch berührt und bewegt sein von der Unverzagtheit und der Energie, mit der es seine Entwicklung angeht und bewerkstelligt.

Immer wieder mag ich Sie dazu anregen, einfach zu beobachten, Ihr Kind in Ruhe zu betrachten – zunächst ohne einzugreifen. Dies scheint mir notwendig und geboten, ist es doch sinnvoll, sich diesem neuen Erdenbürger erst einmal anzunähern, um ihn kennen zu lernen, anstatt ihm sofort Erwartungen und die entsprechenden Programme überzustülpen.

> Meine Erfahrung hat mir gezeigt, dass Eltern, die ihr Kind in Ruhe und gelassen *sein lassen* können, auch gelassener und ruhiger reagieren, wenn es eine schwierige Phase durchläuft, z.B. »Zahnen«, Krankheit, das Trotzalter oder Veränderungen in seiner Umgebung.

Das Baby tragen und transportieren

Für die gesamte Entwicklung Ihres Kindes ist es günstig, wenn Sie vermeiden, es in eine Babywippe zu »setzen«. In dieser frühen Lebensphase ist Ihr Kind noch nicht darauf vorbereitet, wirklich aktiv zu sitzen. Seine Bauch- und Rückenmuskeln sind noch nicht kräftig und koordiniert genug, seine räumliche Orientierung noch nicht ausreichend sicher und stabil, dass es sich tatsächlich im Sitz halten kann. Es »hängt« in diesem Möbelstück – genauso wie im Autokindersitz. Wenn es sich nicht vermeiden lässt, Ihr Kind für kurze Zeit oder für unumgängliche Transporte in Wippe oder Autositz zu deponieren, machen Sie sich bitte bewusst, dass diese Art von Lagerung für die eigenständige Entwicklung Ihres Kindes »gestohlene Zeit« ist. In der übrigen Zeit sollten Sie ihm möglichst häufig seinen Spiel-Raum auf der Erde zur Verfügung stellen. (Näheres zur Babywippe auch auf Seite 35.)

In dieser Neugeborenen- und Säuglingszeit ist es am geschicktesten, Ihr Baby folgendermaßen zu tragen: Halten Sie es so, dass es auf seinem Rücken liegend quer zu Ihnen liegt. Dadurch unterstützen Sie mit Ihrer linken Ellenbeuge sein Hinterköpfchen, mit der rechten seine Kniekehlen. (Falls Sie linkshändig sind, gerade umgekehrt). Achten Sie darauf, dass sein Rücken gerundet ist. In dieser Entwicklungsstufe können noch – wie schon erwähnt – Schreckreflexe auftreten, besonders, wenn Sie sich schnell bewegen oder wenn es an einem plötzlichen Laut erschrickt. Mit der beschriebenen Trageart wirken Sie diesen Reflexen entgegen und verhelfen Ihrem Kind dazu, sich sicher und geborgen zu fühlen. Außerdem sieht es in dieser Lage Ihr Gesicht, was ihm immer Geborgenheit gibt, und Sie selbst haben eine Hand frei für Ihre Tätigkeiten, wenn Sie mit Ihrer Linken unter seine Knie fassen.

Wenn Sie der Ansicht sind, dass Sie Ihr Kind am liebsten im Tragetuch bei sich haben, bedenken Sie auch, dass es bereits so früh seinen eigenen Bewegungsspielraum und -radius braucht. Kinder kommen auf die Welt, um selbständig zu werden. Das erleichtern Sie ihrem Kleinen dadurch, dass Sie es wortwörtlich »auf die Erde kommen« lassen. Wenn Sie es mit dem Tragetuch leichter und angenehmer transportieren können als im Kinderwagen, ist das für kurze Zeit angemessen und sinnvoll. Vermeiden Sie jedoch, es im wahrsten Sinn abhängig zu machen, indem Sie es stundenlang mit sich durch die

So getragen fühlt sich ein Säugling auch in einem Arm sicher und geborgen.

Babys brauchen viel Raum, um sich selbständig zu bewegen.

Wohnung schleppen. Ihr Kind wird Ihnen das genauso danken wie Ihr Rücken!

Auch die verschiedenen Tragesäcke, in denen ich allmählich immer winzigere und jüngere Babys sehe, sind aus den gleichen Gründen, die ich schon zur Wippe erläutert habe, für Ihren kleinen Säugling nicht geeignet. Dazu kommt, dass diese Geräte meist so konstruiert sind, dass das Baby nicht Ihr vertrautes Gesicht sieht, sondern entweder Ihren Rücken oder ungeschützt in die Welt blickt. So spannend und anregend das in ein paar Monaten sein wird, so verwirrend und überfordernd ist das in seinen ersten Lebenswochen.

Ein Tragetuch oder -gestell ist praktisch, lässt dem Baby auf Dauer aber zu wenig Freiraum.

Finden Sie eine geeignete Schlaflage

Für Eltern und Kind ist es gleichermaßen sinnvoll und wichtig, so früh wie möglich herauszufinden, in welcher Lage das Baby entspannt und ruhig schläft. Auf gar keinen Fall sollten Sie die Wahl der Schlaflage Ihres Kindes durch irgendwelche Dogmen oder »Ratschläge« bestimmen lassen. Stattdessen hilft Ihnen auch hier wieder das Beobachten Ihres Kindes. Schauen Sie ihm zu, was es Ihnen signalisiert:

• Liegt es auf der Seite bequem und entspannt?
• Oder gefällt es ihm besser, auf dem Rücken zu liegen?
• Ist es in der Bauchlage gut aufgehoben oder ist die noch zu anstrengend, als dass es so einschlafen könnte?

Bieten Sie ihm die Lage an, in der es sich am wohlsten fühlt. Es ist durchaus möglich, dass ihm die Rückenlage für seinen Mittagsschlaf gefällt, und abends mag es sich lieber auf die Seite kuscheln – oder umgekehrt.

Ihr Kind spürt Ihre innere Ruhe und schläft damit besser ein.

Ich bin immer wieder erstaunt, zu welch heftigem Problem das Thema Schlafen werden kann. Wie schon beschrieben, hat Ihr Baby sehr sensible »Antennen«, die ihm Ihre innere Verfassung spürbar machen. Gehen Sie also die Suche nach der geeigneten Schlaflage selbst offen, gelassen und neugierig an und finden Sie sie gemeinsam mit Ihrem Baby. Wenn es in der Nacht wach wird, schauen Sie einfach nach ihm, versorgen Sie es mit dem, was Ihnen notwendig erscheint, und legen Sie es dann ganz ruhig wieder schlafen. Vermeiden

26

Sie es, ihm ein »Programm« zu liefern. Damit würden Sie es dazu erziehen, dies allnächtlich zu erwarten und einzufordern!

Außerdem können Sie in den Zeiten, in denen Ihr Kind tagsüber wach ist, die Gelegenheit nutzen, ihm zusätzlich zur Rückenlage auch die Bauch- und Seitenlagen anzubieten. Sorgen Sie für Abwechslung in den unterschiedlichen Lagen, denn sie bilden die Basis, auf der sich dann Stufe um Stufe die weitere Bewegungsentwicklung aufbaut.

Meine Erfahrung ist, dass Babys, die sich in ihren Wachzeiten altersgerecht und in dem ihnen entsprechenden Spiel-Raum bewegen und beschäftigen können und dürfen, meist nur dann Schlafprobleme haben, wenn sie kränkeln oder Zähnchen bekommen.

In Wirklichkeit »kann« jedes Kind schlafen, das heißt, es muss es nicht lernen. Sorgen Sie auch dafür, indem Sie die Zeit vor dem Schlafengehen für Ihr Baby möglichst ruhig gestalten. Sie können es auch zu seinen Wachzeiten ab und zu in sein Bettchen legen, damit es sich darin vertraut und geborgen fühlt. Vielleicht bringen Sie an der Zimmerdecke ein Mobile oder eine leise Windharfe an. Das macht es ihm leichter, sein Bettchen als Refugium anzunehmen, anstatt sich dort abgeschoben und verlassen zu fühlen.

Zusammenfassung

- Beobachten Sie die verschiedenen Lagen Ihres Babys – auch um herauszufinden, in welcher Lage es sich zum Schlafen wohl fühlt.
- Versetzen Sie sich im wahrsten Sinn immer wieder in seine Lage.
- Bereiten Sie seinen idealen Spielraum auf dem Fußboden vor.
- Tragen Sie Ihr Baby sicher und geborgen in Ihren Armen.
- Babywippe, Autositz oder Tragegestell überfordern in den ersten Monaten die Muskulatur und hemmen seine Bewegungsentwicklung.

Rollen
Die erste selbständige Lageänderung

In den letzten Tagen und Wochen haben Sie Ihr Neugeborenes betrachtet und mit Interesse und Anteilnahme begleitet. Sie haben erlebt, wie es immer deutlicher und differenzierter begonnen hat, seine Beziehung zu Ihnen und seiner Umgebung auszubauen.

Das Baby lebt von der Hand in den Mund

Wenn Sie ihm jetzt eine Rassel ins Blickfeld halten, betrachtet es sie aufmerksam, gurrt vielleicht dabei und versucht, danach zu greifen. Häufig geraten ihm seine Händchen in den Blick und immer eingehender betrachtet es deren Bewegungen, immer zielgerichteter finden sie ihren Weg zum Mund. Hat es mit einer Hand oder einem Spielzeug zum Mund gefunden, benutzt es mit Hingabe Lippen und Zunge, um gründlichst zu erforschen, was es da erobert hat.

Durch Ihre Beobachtungen werden Sie leicht die Spielsachen finden, die Ihrem Kind zum jetzigen Zeitpunkt am besten gerecht werden. Inzwischen erschrickt es nicht mehr über etwas, das klappert oder rasselt. Es findet nun Gefallen an einem Ring oder einer kleinen Hantel, die mit Reiskörnern oder Sand gefüllt sind. Es begreift alles, was ihm erreichbar ist, mit allen Sinnen. Das Geräusch wird genauso erforscht wie die Farbe, das Gewicht ebenso registriert wie die Beschaffenheit von Oberfläche und Struktur. In dieser Phase laufen all diese Informationen im Mund zusammen. Was Hände, Augen, Ohren, die Nase und der Tastsinn jetzt erfassen, wird im Mund auf seine Gültigkeit geprüft. Die erste Eintrittspforte für Erfahrungen, der Mund, wird ständig zurate gezogen.

So ist es wesentlich, dass dieses Tastorgan höchstens in sehr trostbedürftigen Momenten durch einen Schnuller blockiert wird. Mit einem »Dauerschnuller« würde ihm eine ganz wichtige Erfahrungsmöglichkeit erschwert. Auch sollten Sie dieses »Einverleibenwollen« Ihres Kindes nicht als Ausdruck von Hunger interpretieren und daher vermeiden, es mit Nahrung voll zu stopfen. Vielmehr ist dies die Entwicklungsstufe, in der Ihr Kind seinen Wahrnehmungsradius erheblich vergrößert und erweitert, jedoch all die neuen Informationen noch ständig mit dem Mund abstimmen und überprüfen muss. Da im Moment jeder erreichbare Gegenstand durch Lecken und Lutschen erlebt und erfahren werden will, sollten Sie darauf achten, dass Ihrem Kind nur ungiftiges, sicheres, farbechtes Spielzeug in die Hände fällt. Wenn Sie versuchen, Ihrem Kind dieses Bedürfnis zu verwehren, stehen Sie auf verlorenem Posten.

Das »Forschungszentrum« Ihres Babys sollten Sie nicht mit einem Schnuller blockieren.

Wer jedoch die dringende Notwendigkeit dieser Phase erkennt, kann dafür sorgen, dass das Baby diese Forschungsperiode ausgiebig und gefahrlos durchlebt. Diese Leckphase leitet den direkten, unmittelbaren Kontakt zu seiner Umwelt ein. Geben Sie ihm deshalb außer Spielzeug ruhig auch andere interessante Dinge wie zum Beispiel einen Löffel oder ein leeres Plastikdöschen in die Hand. Falls Sie bemerken, dass Ihr Kind bevorzugt mit derselben Hand greift und hantiert, legen Sie häufiger etwas in die vernachlässigte Hand.

Achten Sie auch darauf, dass Ihr Kind nicht Gegenstände zu fassen bekommt, die so klein sind, dass es sie verschlucken könnte (Knöpfe, Legosteine usw.). Auch Fläschchen oder anderes Zerbrechliches können ihm gefährlich werden, genauso Behältnisse, die Sie für gut verschlossen halten, deren Verschlüsse jedoch der Findigkeit Ihres kleinen Forschers nicht standhalten können.

Mir ist nicht daran gelegen, Sie ängstlich zu machen. Ich möchte Sie einfach immer wieder daran erinnern, dass Sie sich in die Lage Ihres Babys versetzen, damit Sie ihm alle Erfahrungs- und Erforschungsmöglichkeiten ihm entsprechend und angemessen zur Verfügung stellen können.

Alles Interessante wird mit dem Mund erforscht. Die Leckphase ist für die Entwicklung notwendig und wichtig. Sie sollten deshalb dafür sorgen, dass Ihr Baby sie gefahrlos und ausgiebig durchleben kann.

Von der Rücken- in die Bauchlage und zurück

Um die Bedeutung der ersten eigenständigen Lageveränderung für die weitere Gesamtentwicklung Ihres Kleinen wirklich zu würdigen, wollen wir uns noch einmal den verschiedenen Lagen zuwenden.

Die Rückenlage braucht Ihr Kind, um sich auszuruhen und beide Hände zum Tasten, Greifen, Erfassen, Hantieren und Spielen frei zu haben. Aus der Bauchlage entwickelt es seine Gewichtsverlagerung von einer Seite zur anderen, um seine Fortbewegung zu beginnen. Erst diese Stabilisierung ermöglicht ihm, allmählich das Robben, später das Krabbeln und dann auch das Aufstehen und freie Gehen aufzubauen. Es ist die Bauchlage, die ihm schon jetzt erlaubt, ein lohnendes Ziel auszusuchen und anzupeilen, um sich dann darauf zuzubewegen. Seine Seitlagen benötigt es als Zwischenstufe von der Bauch- zur Rückenlage und auf dem Rückweg.

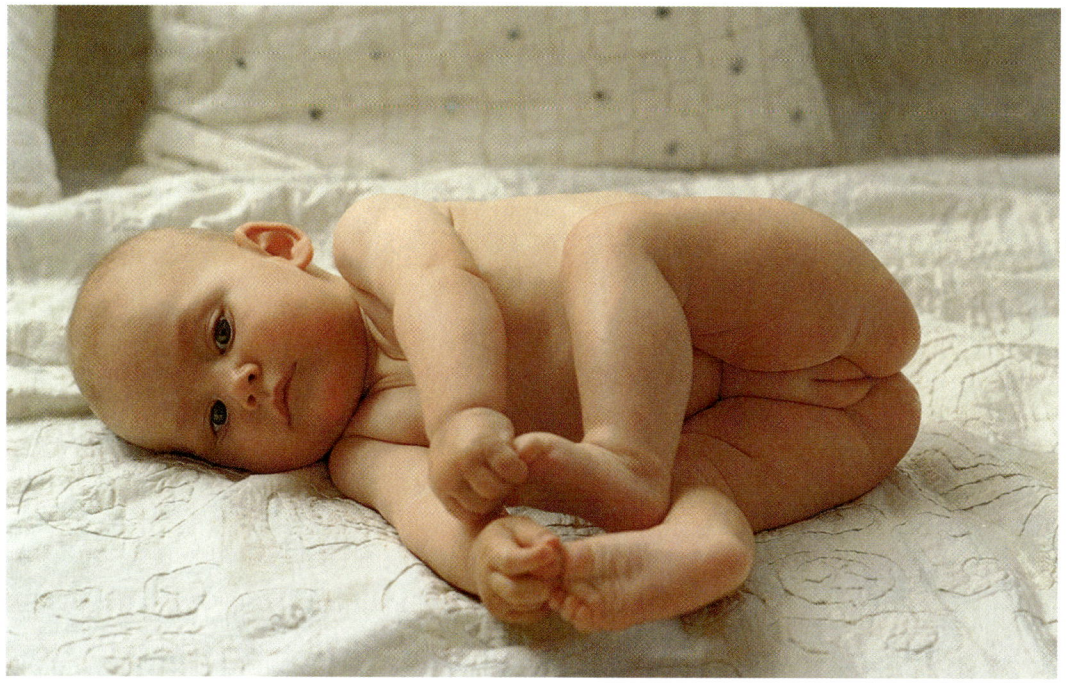

Das Abenteuer der ersten eigenständigen Lageveränderung beginnt. Geschieht das Drehen von der Rücken- in die Seit- und schließlich in die Bauchlage anfangs eher zufällig, lernt das Baby es mehr und mehr zu steuern.

Zudem geben diese verschiedenen Lagen dem Baby immer neue Sichtweisen seiner Umgebung aus unterschiedlichen Blickwinkeln. Dadurch kann es sich in seiner Orientierung im Raum sicher machen und stabilisieren.

Ich erwähne diesen Aufbau schon jetzt, damit Sie ermessen können, dass die Art, wie Ihr Kind seine Zeit verbringt, ausschlaggebend ist für seine Gesamtentwicklung. Es geht dabei gar nicht so sehr darum, mit Ihrem Kind ständig ein »Programm« zu absolvieren, sondern ihm den passenden, geeigneten Spielraum und Ihre Aufmerksamkeit zur Verfügung zu stellen. Je mehr Sie Ihre Wahrnehmungsfähigkeit trainieren, desto stärker wird Ihr Vertrauen werden, dass Ihr Kind seine Hürden und Hindernisse in seiner Zeit, auf seine Art und seinen Möglichkeiten entsprechend meistert, jenseits des Diktates: »Mit so und so vielen Wochen oder Monaten *muss* es das oder jenes können.« Nicht die Anzahl seiner Lebenswochen oder -monate ist entscheidend, son-

Vertrauen Sie der natürlichen Entwicklungsfähigkeit.

31

dern dass es Entwicklungsschritt für Entwicklungsschritt in aller Ruhe und Erfüllung ganzheitlich erleben und entfalten darf!

In der Rückenlage zieht Ihr Baby nun immer häufiger seine Beinchen zum Bauch. Dabei kippt es – zunächst eher zufällig – ab und zu auf eine Seite. Beim Spiel mit dieser neuen Möglichkeit wird die Bewegung allmählich größer, bewusster und sicherer und so kann es »passieren«, dass es sich plötzlich in der Bauchlage wiederfindet.

Diese Lageveränderung überrascht es anfangs eher, als dass es sie geplant hätte. Vielleicht ist ihm sein Spielzeug entglitten und es räkelt und windet sich, um es wieder zu erreichen. Tatsächlich hat Ihr Kind ja gelernt, das, was sein Interesse geweckt hat, etwa seine Rassel, immer genauer und sicherer mit all seinen Sinnen zu verfolgen. So entsteht sein Bedürfnis, die Bewegung zu entwickeln, die es braucht, um beim Verlust des Interessanten dessen wieder habhaft zu werden.

Ist es dann in der Bauchlage gelandet, werkelt es so lange, bis es sich auf seine Unterarme stützen kann. Vielleicht ist es zunächst von der veränderten Perspektive, die ihm die Bauchlage bietet, so fasziniert, dass es den ursprünglichen Anlass für seine Anstrengung und die dadurch entstandene Drehung erst einmal »aus den Augen verliert«. Bald wird es jedoch merken, dass es einen Arm, eine Hand befreien kann, wenn es sein Gewicht auf die andere Seite, auf den anderen Arm verlagert. Damit hat es einen ganz großen Fortschritt erzielt: Es erlebt zum ersten Mal, dass es sein Gewicht auf eine Körperseite verlagern muss und kann, um die andere Seite frei und »spielend« benützen zu können. Dieses Prinzip wird es von Stufe zu Stufe weiterführen – bis zum freien Gehen. Auch bei diesem Bewegungsablauf belastet es sein Standbein, um mit dem Spielbein den nächsten Schritt zu tun. Nun einmal in der Bauchlage »gelandet«, hantiert Ihr Kind intensiv und lebhaft mit seinem Spielzeug, das ihm auch hier immer wieder verloren geht. Es streckt und reckt sich danach – und plötzlich kippt es auf den Rücken, zurück in die Rückenlage. Das kann zuerst wieder überraschend und unverhofft »passieren«, doch allmählich geschieht dieser Lagewechsel geplant und bewusst.

So lernt Ihr Kind, sich kontrolliert vom Rücken auf den Bauch und erneut auf den Rücken zu drehen. Die Rückenlage erlaubt ihm nun wieder, mit beiden Händen zu spielen, sein zurückgewonnenes Spielzeug zu beäugen und zu erforschen.

Wie mutig und selbstbewusst oder wie ängstlich und verzagt Ihr Kind auf dieser Abenteuerreise unterwegs ist, hängt auch von Ihren

Entwicklung passiert folgerichtig und fast »wie von selbst«.

Reaktionen auf seine Aktivitäten ab. Es macht einen großen Unterschied, ob Sie Ihr Kind ermutigend und bewundernd dabei begleiten oder eher ängstlich und erschrocken.

Es hat sehr feine »Fühler« dafür, wie Sie es betrachten und nimmt diese Signale mindestens so deutlich und klar wahr wie Ihre Worte. Daher kann es für Ihre gegenseitige Verständigung sinnvoller und hilfreicher sein zu sagen: »Jetzt habe ich zuerst mal einen Schreck gekriegt, als ich dein Abenteuer gesehen habe, aber du hast das doch prima gemeistert!«, anstatt den Schreck oder die Angst zu unterschlagen und einfach »Toll!« zu sagen. Ihr Kind kann seiner Wahrnehmungsfähigkeit nicht vertrauen lernen, wenn das, was Sie ausstrahlen, dem widerspricht, was Sie sagen.

Verbale und nonverbale Kommunikation sollten sich ergänzen, nicht widersprechen.

Die Entwicklung seiner Schutzreaktionen

Ich gehe davon aus, dass sich Ihre Beziehung zu Ihrem Baby so spielerisch und unbefangen weiterentwickelt hat, dass Sie es bei seinem Drehen-Rollen einfach begleiten und betrachten können. So können Sie beobachten:
• Rollt es Rücken und Kopf ein, wenn es von der Bauchlage zum Rücken dreht?
• Oder streckt es stattdessen seinen Körper und wirft seinen Hinterkopf in den Nacken, sodass er hart aufschlägt?
Wenn das die ersten paar Male so geschieht und dann seine Bewegung runder, schonender wird, besteht kein Anlass zur Sorge. Bleibt jedoch der Bewegungsablauf so, dass immer wieder sein Kopf auf den Boden prallt, ist das bedenklich und Ihr Kinderarzt sollte davon erfahren.

Diese Phase der Körperdrehung, mit der Ihr Kind momentan spielt, hat für sein Sicherheitsgefühl lebenslange Bedeutung. Die weiche Landung vom Rücken auf den Bauch, vom Bauch auf den Rücken, sind die wesentlichen Schutzmechanismen, die der Körper entwickelt, um bei einem Sturz den Kopf, seine sensibelste Zentrale, vor Erschütterung und Verletzung zu bewahren.

In dieser Phase lernt Ihr Kind, seinen Kopf einzurollen und seinen Rücken zu runden – einen Mechanismus, den Sie auf seinem Weg

Ihr Baby übt so lange, bis es sich selbständig und sicher von der Rücken- in die Bauchlage drehen kann.

zum aufrechten Stand und Gang immer wieder erleben werden. Der Auslöser für einen Fall kommt meist plötzlich und unvorhersehbar. Das Kind – und der Mensch lebenslang – muss also automatisch und nach allen Seiten gleich geschickt und sicher abrollen können.

> Im Verlauf der weiteren Entwicklungsphasen werden Sie immer wieder feststellen, wie Ihr Kind seinen Weg nach oben, zum Aufrechtwerden für sich sichert, wenn es seine Zeit und Ruhe und seinen Spiel-Raum – in jeder Beziehung – dafür haben darf. Für jede Station des Weiter- und Höherkommens wird es die entsprechenden Schutzreaktionen entwickeln.

Die Grundlagen für all diese Reaktionen erwirbt und stabilisiert Ihr Kind jetzt, bei seiner ersten Lageveränderung. Da es von dieser Basis aus alle weiteren Fortbewegungen aufbaut, ist es einleuchtend, dass es dieses Rollen, diese Drehung ausgiebig und intensiv lernen und erfahren sollte.

Stärken Sie vor allem das innere Sicherheitsgefühl Ihres Babys.

In jeder Notsituation, die ein Sturz oder Schock mit sich bringt, ist es für das Sicherheitsgefühl eines jeden Menschen grundlegend notwendig, sich seiner Schutzmechanismen sicher zu sein. In dieser Phase kann Ihrem Kind mit einigen gezielten Anregungen leicht geholfen werden, seine Bewegung beidseitig und harmonisch zu entwickeln. Versäumen Sie das, ist zu befürchten, dass es einseitige und/oder verkehrte Bewegungsansätze verstärkt und ausweitet.

Wenn Sie beobachten, dass sich Ihr Kind ausschließlich über eine Seite dreht, können Sie probieren, es mit einem Spielzeug, das Ihr Baby interessiert, auf die andere Seite zu locken. Sollte Ihnen das nicht gelingen oder sollte Ihr Kind bei jeder Drehung zur Bauchlage aufs Gesicht, auf dem Weg zur Rückenlage auf den Hinterkopf prallen, dann empfiehlt sich, mit Ihrem Kinderarzt darüber zu sprechen.

Der beste Spiel-Raum für Ihr Kind

Ihr Kind braucht seinen ganzen Körper und die entsprechende Bewegungsfreiheit, um zu lernen, wie es sein Gewicht von einer Seite auf die andere verlagert. Damit ist auch klar, dass es ausreichend SpielRaum benötigt. Am besten ist es auf dem Fußboden aufgehoben. Vielleicht gibt es sich auch noch für kurze Zeit mit einem »Ställchen« zufrieden, dessen Grenzen werden es jedoch bald beengen. Doch sind das Ställchen oder das ausgeräumte Kinderbett sichere Orte, an denen Sie Ihren kleinen Abenteurer für kurze Zeit ablegen und verwahrt wissen können, wenn es notwendig ist, Ihre Hände frei zu haben für Tätigkeiten, die Ihre ungeteilte Aufmerksamkeit erfordern.

Und an dieser Stelle noch einmal ein Wort zur Babywippe: Nach meiner Beobachtung ist es darin in seinen altersgerechten Bewegungen arg behindert, ist es doch völlig eingeengt und zur Passivität verurteilt, noch dazu in einer unorganischen Lage. Ein Beispiel für andere: Ihr Baby spielt mit irgendeinem Spielzeug. Seine Handmotorik ist noch ungeschickt, es lernt gerade erst, sie mit der Funktion seiner Augen in Einklang zu bringen. Also verliert es sein Spielzeug häufig. Daraus entsteht der Anreiz, sich nach ihm zu drehen. In der Rücken- oder Bauchlage ist es leicht fähig und im wahrsten Sinn »in der Lage«, sich dem verloren gegangenen Ding selbst zuzuwenden, es aktiv wiederzuholen. In der halbsenkrechten Haltung der Wippe dagegen verliert es sein entglittenes Spielzeug völlig aus den Augen und hat sowieso auch keine Möglichkeit, es zurückzuholen. Statt Selbständigkeit erlebt es Hilflosigkeit und Abhängigkeit. Anstatt also einen Schritt in seine Eigenständigkeit zu tun, ist es in eine Lage gezwungen, die ihm Frustration und Beengung beschert. Es wird Sie »nerven« mit der quengeligen Aufforderung, dass Sie ihm ständig sein Spielzeug wieder besorgen.

Ich erlebe häufig, dass Eltern aus dieser Situation den Fehlschluss ziehen, ihr Baby wolle sie »ärgern«, indem es sein Spielzeug wegwirft und schreit, weil es es wiederhaben will. Natürlich kann es auch sein, dass dieses Wegwerfen Ausdruck eines unbewussten, spontanen Protestes gegen diese aufgezwungene Ruhigstellung ausdrückt. (Wie wichtig das Werfen und Ausloten des Lebensraumes für Ihren kleinen Forscher und seine Entwicklung ist, beschreibe ich auf Seite 41 und 48.) Zudem schadet die relativ aufgerichtete »Haltung« in der Wippe dem Rücken Ihres Kindes noch immer.

Eine Babywippe lässt wenig Bewegungsspielraum.

Natürlich gibt es Situationen, in denen es für Sie beide angenehm sein kann, Ihr Kind auf Augenhöhe bei sich zu haben, zum Beispiel wenn Sie essen und es sich am Fußboden verlassen und allein vorkäme. Auch wenn Sie es allmählich mit dem Löffelchen füttern, sitzt es günstig Ihnen gegenüber in seiner Wippe. Es gilt immer wieder, abzuwägen und nach dem momentanen Bedürfnis zu entscheiden und zu handeln. Wenn Sie die »Wippenzeiten« bewusst wählen und so kurz wie möglich halten, wird Ihr Kind sie unbeschadet überstehen, zumal wenn Sie dafür sorgen, dass es in der übrigen Zeit ausgleichend und ausgiebig mit seiner Bewegung spielen kann.

Das Gleiche gilt für seinen Aufenthalt im Autositz. Es gibt unvermeidliche Gelegenheiten, bei denen Sie Ihren kleinen Begleiter im Autositz gut aufgehoben transportieren müssen. Günstig ist es, wenn Sie sich in der frühen Zeit seines Lebens noch keine langen Strecken vornehmen und durchhalten müssen. Lassen Sie neugierige, interessierte Großeltern und Tanten lieber zu sich kommen. Ihr Baby fühlt sich in seiner vertrauten, gewohnten Umgebung sowieso am wohlsten.

So wird Ihre Wohnung babysicher und spielgeeignet

- Sichern Sie die Steckdosen.
- Stellen Sie Topfpflanzen in einen wenig benutzten Raum oder geben Sie sie einem Blumenliebhaber in Pflege.
- Bringen Sie Elektro- und sonstige Kabel so an, dass Sie Ihren kleinen Forscher nicht gefährden.
- Verräumen Sie Tisch- und andere Decken für die nächsten Monate.
- Verstauen Sie Bücher oder Nippes so, dass Sie dem Entdeckungsdrang Ihres Kindes gelassen entgegensehen können.

Testen Sie Ihre Wohnung auch einmal im »Selbstversuch«.

Es kann hilfreich und entspannend für Sie und die Beziehung zu Ihrem kleinen Hausgenossen sein, wenn Sie sich selbst einmal rollend und krabbelnd durch Ihre Wohnung bewegen, um neugierig und interessiert all die möglichen Gefahrenquellen zu entdecken, die ihn verletzen könnten. Schauen Sie dabei auch auf »Schätze«, denen er gefährlich werden könnte. Wägen Sie dann ab, wo Sie entschärfen und vorbeugen können. Sie werden Ihr Kind viel beruhigter in seinem Spiel-Raum lassen können, wenn Sie wissen, dass Sie ihn kindgerecht vorbereitet haben. Dabei sollten Sie davon ausgehen, dass ihm ein noch so hübsch eingerichtetes, gesichertes Kinderzimmer nicht lange genügen wird, da das Kind Ihre Nähe und Gegenwart sucht und braucht. Ihre Inspektion aus der Babyperspektive sollte also unbedingt Ihr Wohnzimmer und Ihre Küche, möglichst auch das Badezimmer mit einbeziehen. Achten Sie dabei auch auf Putz- und Waschmittel, auf Ätzendes und Unstabiles.

Vielleicht haben Sie diese Entdeckungstour schon geburtsvorbereitend während der Schwangerschaft absolviert, wenn nicht, empfehle ich Ihnen, das sobald als möglich zu tun, vielleicht, wenn Sie sich mit Ihrem Kleinen auf den Boden gekuschelt haben und die Gelegenheit nutzen, sich seinen neuen Lebensraum aus seiner Sicht zu betrachten. Sie werden erstaunt sein über die Erkundungsreisen und den Aktionsradius, den selbst schon ein ganz junger Säugling unternehmen kann. Natürlich ist es kaum möglich, Ihre Wohnung absolut sicher zu machen, doch können Sie viele augenfällige Gefahrenquellen beseitigen. Für Sie und Ihren kleinen Forscher ist es leichter, einige wenige Verbote einzuhalten, anstatt Sie beide mit ständigem Habacht zu nerven.

Babys haben alle Hände voll zu tun

Beim Zuschauen erkennen Sie, dass Ihr Kind täglich neue Fähigkeiten entfaltet. Sie können seinen Lauten längst entnehmen, was es ausdrücken will. Es kann seine Gefühle schon ganz gut mitteilen. Außer Hunger und Schmerz äußert es Ärger, wenn ihm etwas nicht gelingt, und ist beleidigt, wenn es sich unverstanden fühlt. Es lässt sich Zuwendung nicht einfach nur mehr gefallen, sondern reagiert gezielt darauf, wie Sie mit ihm sprechen, wie Sie ihm Aufmerksamkeit und Zuneigung schenken. Es fordert Sie auf zu Kontakt und Zuspruch, um sich dann wieder seinen Angelegenheiten zuzuwenden.

Gleichzeitig mit seinen deutlicheren Ausdrucksmöglichkeiten lernt es, seine Hände genauer zu begreifen. Es muss nicht mehr seine Arme bewegen, wenn es seine Hände drehen oder mit seinen Fingerchen spielen will. Das Spielzeug greift es mal fest, mal locker und nimmt wahr, dass es selbst die Impulse für seine Handmotorik gibt. Es fängt an, zielsicher nach Interessantem zu greifen und macht dabei schmerz-

Ihr Baby entfaltet täglich neue Fähigkeiten.

hafte oder »unbegreifliche« Erfahrungen, zum Beispiel, dass es aufgemalte Blumen nicht von seiner Decke abheben und in den Mund nehmen kann.

Die Konzentration, mit der Ihr Kind seine Handfunktionen verbessert, zeigt Ihnen die Grundlage jeglichen Lernens: Das Bedürfnis und Interesse, ein Ziel zu erreichen, ermutigt es dazu, sich zu bemühen; die Freude an Erfolg und Fortschritt überwindet anfängliche Schwierigkeiten und Hindernisse.

Von der Lernfreude Ihres Babys können Sie sich anstecken lassen, zeigt sie Ihnen doch, dass Ihr kleiner Lehrer seine Unverzagtheit und Unverdrossenheit daraus nährt, dass er sich mit seiner Freude und Bewunderung für seinen Erfolg selbst belohnt und stärkt für neue Unternehmungen. Eine Quelle, zu der wir als Erwachsene nicht immer so leicht und selbstverständlich Zugang finden!

Achten Sie weiterhin darauf, dass Sie Ihrem Kind Spielsachen geben, die es unbeschadet mit dem Mund erfahren kann, um so das Bild, das ihm Augen und Hände übermitteln, zu überprüfen und zu vervollständigen.

Legen Sie das Tastbedürfnis seines Mundes nicht als Hunger aus. Wahrscheinlich richten Daumen oder Schnuller als Einschlafhilfe keinen großen Schaden an. Ich halte es jedoch für bedenklich, einem Kind bei jedem Laut einen Schnuller aufzunötigen. Kinder, die tagsüber dauernd am Daumen nuckeln, haben oft einfach das Bedürfnis nach mehr Bewegung oder Betätigung – oder nach mehr Zärtlichkeit und Zuwendung. Ein gesundes Kind mit genügend Freiraum hat wirklich »alle Hände voll zu tun«, um zu greifen, zu lecken, zu schmecken, zu fühlen, zu tasten, zu saugen, zu entdecken. Da bleibt wenig Zeit, sich am Daumen festzulutschen oder den Tag am Schnuller zu verbringen. Dazu kommt, dass dieses Dauerlutschen die Kiefer- und Zahnentwicklung beeinträchtigen kann.

Ein Schnuller behindert das natürliche Tastbedürfnis Ihres Babys.

Bei Ihrem Bemühen, Ihre Wohnung kindgerecht einzurichten und Gefährliches zu entschärfen oder zu verbannen, sollten Sie auch dieses Bedürfnis Ihres Kindes berücksichtigen: von der Hand in den Mund zu leben und damit alles zu erforschen, was ihm interessant erscheint.

Der Weg zum Mund, dem noch immer wichtigsten und daher bevorzugten Tastorgan, wird laufend zielstrebiger. Jetzt wird auch der eigene Körper als »Spielobjekt« entdeckt.

Zusammenfassung

- Ihr Kind beginnt, sich zu drehen, seine Lage selbständig zu verändern: von der Rücken- zur Bauchlage und umgekehrt.
- Beobachten Sie seine Schutzreaktionen und wie es seinen Lebensraum mit all seinen Sinnen erforscht.
- Spätestens jetzt sollten Sie die Gefahrenquellen dieses Spiel-Raums entdecken und entschärfen. Betrachten Sie Ihre Wohnung aus seiner Sicht.
- Treffen Sie überlegte Entscheidungen zum Thema Autositz und Babywippe.
- Ihr Kind lebt und erforscht von der Hand in den Mund – in dieser Lebensphase und Entwicklungsstufe ist das eine notwendige Erfahrung!
- Verfolgen Sie Auffälligkeiten und eventuelle Einseitigkeiten in der Bewegungsentwicklung und besprechen Sie sie mit Ihrem Kinderarzt.

Robben
Die zielgerichtete Fortbewegung

Immer deutlicher und genauer lernt Ihr Kind, seine nähere und ent-
ferntere Umgebung wahrzunehmen. Es merkt, dass es seine neue
Fähigkeit sich zu drehen benützen kann, um sich Interessantem zu
nähern. Damit begibt es sich auf die spannende Reise der räumlichen
Erfahrung: Von der Decke auf den Fußboden ..., ein paar Drehungen
weiter und es liegt unter dem Tisch ... und auf geht's um die Begren-
zung des Raumes kennen zu lernen, vor die Wand ... Stopp!

Das ist eine Reise voller Abenteuer, die es durch den vertrauten
und doch unbekannten Raum unternimmt. So kann es die Zusammenhänge zwischen seiner optischen und seiner Berührungswahr-
nehmung klären, zum Beispiel, dass die helle Wand sich glatt, kühl und
hart anfühlt. Damit »erarbeitet« es sich eine Fähigkeit, die es ein Leben lang braucht: einen Raum plastisch, das heißt dreidimensional
wahrzunehmen, sich darin zu orientieren, um sich ohne anzuecken
darin zu bewegen. Auch diese Fähigkeit ist ein Mosaiksteinchen zur
Selbstsicherheit, ermöglicht sie doch Ihrem Kind, Gleichgewicht und
Balance zu entwickeln, um mit Höhe und Tiefe umgehen zu können.
Die körperliche Selbstsicherheit ist Grundlage für seine spätere psychische Sicherheit und Ausgeglichenheit.

Sicherheit in der Bewegung führt auch zu emotionaler Stabilität.

Mit seiner Körperdrehung kann Ihr Kind zwar jetzt eine räumliche Veränderung bewirken, um seine Umgebung zu erforschen. Es
landet jedoch meist noch ungezielt und zufällig. So kann es ihm passieren, dass es die raschelnde Zeitung erreichen wollte, dann aber weit
entfernt bei einem Stuhl ankommt. Anfangs ist es mit diesen Zufalls-
treffern zufrieden. Je flinker und geschickter aber seine Dreh- und
Rollbewegung geworden ist, desto zielsicherer will es vorankommen.

Wieder leitet die Fähigkeit seiner Augen, seines Sehvermögens, mit
dem es zum Beispiel einen rollenden Ball verfolgt, die Entwicklung
einer entsprechenden Bewegung ein. Es hat schon gelernt, dass es in
der Bauchlage spielen und Stabilität erreichen kann, wenn es sein Gewicht auf einen Arm, auf eine Seite verlagert. Damit bekommt es den

anderen Arm zum Spielen frei. Setzt es diesen Arm weiter seitlich, kann es sich in der Bauchlage um sich selbst drehen. Dadurch erweitert es sein Gesichtsfeld erheblich.

Diese Errungenschaft eröffnet ihm wieder eine andere Perspektive und damit neue Wege. Es kann rundum schauen, kein toter Winkel engt sein Gesichtsfeld ein. Außerdem erlaubt ihm diese neue Fertigkeit, beim Rollen kurz anzuhalten, um sich zu orientieren und seinen Kurs zu korrigieren. Aus der Wahrnehmung entsteht Interesse, aus dem Interesse das Bedürfnis, nach dem Ziel zu greifen. Ihr Kind dreht seinen Körper, die Augen orientieren sich im Raum, es korrigiert die Bewegungsrichtung und überwindet durch Gewichtsverlagerungen die Entfernungen. Unter Aufbietung aller Kräfte gelingt es ihm, sein erstes Ziel zunächst auf Umwegen zu erreichen.

An diesem Beispiel können Sie leicht erkennen, dass Sie Ihr Kind in seiner motorischen Entwicklung bremsen, wenn Sie ihm seinen Spiel-Raum beschneiden. Außerdem wird klar, dass Ihr Kind Erlerntes und Vertrautes pausenlos im Spiel anwendet, dass »Spielen« in Wirklichkeit konzentrierte Arbeit bedeutet.

So vergrößert Ihr Kind sein Gesichtsfeld: Seine Bewegung wird gezielter, effektiver und gleichzeitig leichter. Es kann Erfahrungen sammeln, um selbständiger zu werden. Außerdem benutzt es seine Händchen bewusster und geschickter. Es lernt, mit seinem Spielzeug auf den Boden und an die Möbel zu klopfen. Immer wieder verliert es dabei ein Klötzchen. Seine Augen folgen dem verloren gegangenen Ding, so entsteht das Bedürfnis, sich zielgenauer vorwärts zu bewegen. Beim Hantieren gelingt es ihm immer häufiger, seine Händchen zu öffnen und dadurch sein Spielzeug wegzuschleudern. Bisher war dieses Loslassen eher zufällig geglückt. Manchmal kann es seinen Wurf genau mit den Augen verfolgen, ein anderes Mal landet der Klotz außerhalb seines Gesichtsfeldes. Die Fähigkeit zu werfen bedeutet nicht nur eine differenzierte Leistung im Zusammenspiel der Schulter-, Arm-, Hand- und Fingermuskulatur, sondern auch einen enormen Fortschritt in der Entwicklung der Augen-Hand-Koordination. Durch die Verschiedenartigkeit der Würfe in Höhe und Weite lernt das Kind, Entfernungen einzuschätzen. Mit seinem Klötzchen »lotet« es den Raum aus. Die Einheit aus Werfen mit den Händchen und Ver-

Das Zusammenspiel von Händen, Augen und Motorik wird immer differenzierter.

folgen mit den Augen erzeugt das Bedürfnis, die Bewegungen noch geschickter zu koordinieren. Beobachten Sie Ihr Kind, wie es seinen nächsten Bewegungsschritt aufbaut.

Ein Meilenstein auf dem Weg zur Eigenständigkeit

Die Bauchlage bereitet dem kleinen Sportler überhaupt keine Probleme mehr. Vom Drehen her weiß er, dass er sich mühelos wieder daraus befreien kann. Er liegt also auf dem Bauch und spielt mit einem Klötzchen, klopft damit an Stuhl- und Tischbeine, auf den Boden, leckt ab und zu daran. Zwischendurch gelingt es ihm, das Klötzchen loszulassen und ein Stück weit zu werfen. Nun denn: Ihr Kind wird zuerst einen Arm weit nach vorn recken und strecken, es dann mit dem anderen probieren. Aber der Klotz ist zu weit entfernt, es kann ihn nicht erreichen.

Versucht es in dieser Lage, durch das bewährte Drehen den Klotz zu erreichen, kommt es nach links oder rechts von seinem Ziel ab. Dies ist der Augenblick, in dem es erlebt, dass es Beinchen hat, die ihm weiterhelfen, wo die Ärmchen alleine nichts mehr ausrichten. Es sind mühsame Versuche, die Ihr Kind unternimmt, bis es – zunächst vielleicht eher zufällig – irgendwo sein Bein abstemmen kann.

Erleben Sie selbst die Faszination der Fortbewegung – die Gleichgewichtsverlagerung.

Durchdenken oder probieren Sie selbst diesen Bewegungsablauf, damit Sie einschätzen können, für welch wichtige Funktionen dadurch das Fundament gelegt wird. Im wahrsten Sinne spielend verlagert Ihr Kind sein Gewicht von einer Körperseite auf die andere. Diese Gewichtsverlagerung ist Voraussetzung für jede zielgerichtete Fortbewegung, angefangen vom Robben bis hin zum Gehen. Immer muss das Gewicht auf eine Körperseite verlagert werden, um die andere vorwärts bewegen zu können.

In der Bauchlage, also mit der ganzen Vorderfront als Unterstützungsfläche, den Körperschwerpunkt knapp über dem Boden, hat das Kind keine Probleme mit seinen Gleichgewichtsreaktionen. Darum erfährt und übt es in dieser Lage ohne Risiko und Gefahr die Gewichtsverlagerung, die es später auch beim Gehen brauchen wird.

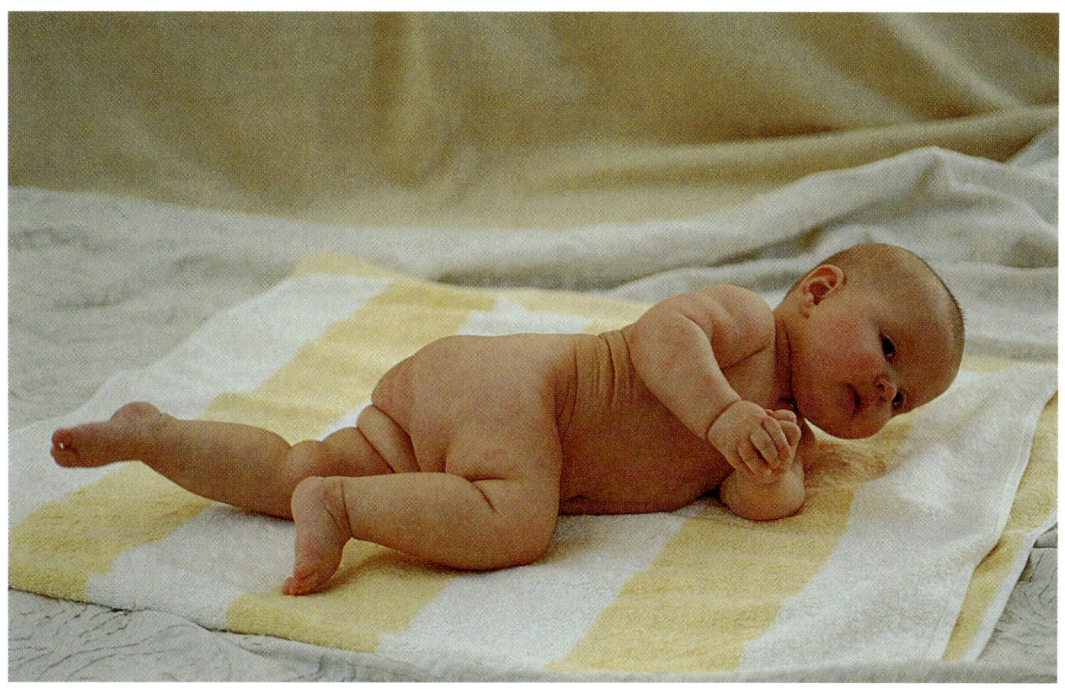

Wenn das Baby robben lernt und so gezielt vorwärts kommt, erarbeitet es sich einen großen Lernfortschritt. Unterstützen Sie seine Entwicklung, indem Sie ihm möglichst viel freien Spiel-Raum lassen.

Innere Konflikte begleiten den wichtigen Schritt

Nun hat das Kind etwas Neues gelernt: das Robben! Das bedeutet einen entscheidenden Fortschritt für seine gesamte Lebenssituation. Sein Sehvermögen hat sich derart entwickelt, dass es sich ein Ziel aussuchen kann, das in einiger Entfernung von ihm liegt. Sein Blickfeld hat sich so erweitert, dass es eine bestimmte Sache auswählen und »im Auge behalten« kann. Es gelingt ihm, die Bewegung seiner Ärmchen und Beinchen so zu koordinieren, dass es geschickt und einfach sein Ziel erreichen kann. Ein immenser Schritt auf seinem Weg zu Eigenständigkeit und Selbstvertrauen!

Sie werden in Ihrer gemeinsamen Beziehung diesen Zuwachs an Selbstbewusstsein spüren. Ihr Baby wird bestimmter und klarer in seinen Ausdrucksmöglichkeiten. Seine Lautbildung wird mutiger und differenzierter, seine Fähigkeit, selbstverständlich mit Ihnen Kontakt

43

aufzunehmen, ausgeprägter. So zeigt es deutlich und unmissverständlich seine Vorliebe für Sie, dafür, von Ihnen getragen, gefüttert und versorgt zu werden.

Wenn Ihr Kind zu fremdeln beginnt, lernt es, zwischen fremd und vertraut zu unterscheiden.

Es kann sein, dass es schon jetzt beginnt zu »fremdeln«. Das ist eine völlig natürliche Reaktion, kann es doch inzwischen genau zwischen vertraut und fremd unterscheiden. Diese Differenzierung eröffnet ihm einerseits die Möglichkeit zu wählen, andererseits beschert es ihm den Konflikt, nicht mehr einfach automatisch auf Zuwendung zu reagieren, sondern mit der Freiheit der Wahl auch den Konflikt der Entscheidung zu verkraften – ein Konflikt, dem wir im Laufe des Lebens immer wieder begegnen!

Dieser Schritt in die Selbständigkeit bedeutet auch eine erste Konfrontation mit der Notwendigkeit, Eigenverantwortung zu übernehmen. Das heißt, Ihr Baby muss lernen, die Konsequenzen und »Antworten« auf Entscheidungen zu tragen und zu ertragen. Wenn Sie sich wieder in die Lage Ihres kleinen Pioniers versetzen, werden Sie ihm auch in dieser inneren Konfliktsituation gerecht werden.

Auf der einen Seite ist das Kind bestrebt, sich auf zu neuen Ufern zu begeben, auf der anderen Seite braucht es die Stabilität und Sicherheit des Vertrauten, um sich zu diesem Neuland aufzumachen. Ihr Umgehen damit ist deshalb von entscheidender Bedeutung. Oft höre ich die Angst von Eltern, ihr Kind würde nie, nie selbständig, wenn es in dieser Zeit derart an der Lieblingsbezugsperson hänge – oder Großeltern und Verwandte seien beleidigt, weil sich das Kind schmollend oder schreiend abwende, anstatt deren Liebesbezeugungen mit Begeisterung entgegenzunehmen.

> Indem Sie sich in den inneren Konflikt Ihres Kindes hineinversetzen, wird es Ihnen leicht gelingen, gelassen zu bleiben und klarzustellen, dass es sich beim Fremdeln um eine vorübergehende Phase, um eine momentane Periode der Verunsicherung und Herausforderung handelt, die genauso natürlich zur gedeihlichen Entwicklung Ihres Kindes gehört wie zum Beispiel das Zahnen.

Das Wichtigste ist, die Begleitmusik dieser Phase nicht persönlich zu nehmen und nicht überzubewerten. Genauso wenig, wie Ihr Kind sein Leben lang Probleme mit seinen Zähnen haben wird, nur weil es beim Zahnen quengelig ist oder zu Durchfall neigt, genauso wenig wird es seiner Lebtag menschenscheu und anhänglich sein, nur weil es in dieser Fremdelphase mit sich nicht gleich bleibend im Reinen und ständig in innerer Harmonie ist.

Günstig ist jedoch, wenn Sie in dieser Zeit größere Reisen oder einen Umzug vermeiden können, das heißt, wenn es Ihnen gelingt, ihm Stabilität, Geborgenheit und Verständnis zu geben.

Beim Robben entwickeln sich die Hüftgelenke

So wichtig und bedeutsam das Robben für die sinnliche, geistige und soziale Entwicklung ist, so wollen wir doch nicht den körperlichen Aspekt vergessen: Denn das Robben ist von entscheidender Bedeutung für die Entwicklung der Hüftgelenke. Das Kind benützt beim Robben seine Beinchen in extremer Abspreizhaltung. Dadurch wird der Hüftkopf des jeweils abgespreizten Beinchens stark in die Pfanne des Hüftgelenkes gedrückt. Dieser Reiz bewirkt, dass sich die Hüftgelenke stabil und kräftig ausbilden können.

Ein Bedürfnis setzt Entwicklung in Gang: Um das Spielzeug zurückzuholen, lernt Ihr Baby zu robben.

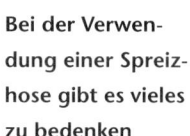

Ich erlebe häufig, dass Babys sehr früh und sehr fürsorglich mit Spreizhosen behandelt werden, ohne dass sie die Gelegenheit bekommen, die Stabilität ihrer Hüftgelenke durch das Robben spielend und regelrecht selbständig zu entwickeln.

Ich möchte hier Missverständnissen vorbeugen. Keineswegs plädiere ich dafür, mit dem Tragen einer Spreizhose zurückhaltend zu sein, wenn Sie Ihr Kind überwiegend in der Wippe hängend aufwachsen lassen oder wenn Ihr Arzt einen ausgeprägten Schaden bei der Hüftentwicklung Ihres Kindes diagnostiziert hat. Ich empfehle Ihnen jedoch, genau abzuwägen, wenn bei Ihrem Neugeborenen mithilfe von Ultraschall eine Steilstellung der kindlichen Hüftgelenke festgestellt wurde. In dieser Lebensphase tritt eine derartige Steilstellung häufig auf, erleichtert sie dem Kind doch den Weg durch den Geburtskanal.

Oft werden diese Säuglinge fast sofort nach der Geburt in eine Spreizhose gepackt. Nach allem, was Sie inzwischen über das Ent-

Bei der Verwendung einer Spreizhose gibt es vieles zu bedenken

decken und »Heimfinden in den Körper« bei Ihrem Kind erfahren haben, werden Sie ermessen können, wie sensibel und störanfällig dieses Eingewöhnen in den ersten Lebenswochen und -monaten sein kann, wie komplex und umfassend sich eingreifende Beengungen auswirken können. Sie sollten daher sehr sorgfältig abwägen und mit dem Kinderarzt Ihres Vertrauens prüfen, ob es sinnvoll ist, Ihr Kind – und seine Beziehung zu Ihnen – so frühzeitig mit dem Tragen einer Spreizhose zu beeinflussen und eventuell auch zu belasten.

Klären Sie, ob Sie Ihrem Kind ausreichend Gelegenheit geben, durch das Robben seine Hüftgelenke natürlich und altersgerecht zu entwickeln. Mithilfe einer Spreizhose wird genau *die* Hüftstellung von außen erreicht und fixiert, die Ihr Kind ganz selbstverständlich in der Bewegung des Robbens dynamisch und seiner Entwicklung entsprechend benutzt.

Nach meiner Erfahrung ist das Tragen einer Spreizhose häufig überflüssig, wenn Sie vermeiden, Ihr Kind auf seine Beinchen zu stellen, bevor es beginnt, sich selbst aufzurichten (siehe Kapitel *Aufrichten und Aufrechtwerden*), wenn Sie es so viel wie möglich auf dem Boden spielen lassen und wenn Sie seine Bewegungs- und Gesamtentwicklung aufmerksam begleiten und beobachten.

Wie Sie Ihr Kind in dieser Phase am besten unterstützen

Babys, die sich viel selbst bewegen und entfalten können, sind meist fröhliche Babys.

Der Spielraum Ihres Kindes ist also weiterhin der Fußboden, den es werfend und hinterherrobbend durchmisst. Hat es sein Ziel erreicht, nimmt es das begehrte Spielzeug mit der Hand und dreht sich auf seinen Rücken. Hier und in dieser Lage fällt es ihm leicht, es in Ruhe zu untersuchen, von Hand zu Hand zu wechseln und mit dem Mund zu betasten. In der Regel sind Kinder ausgesprochen zufrieden und fröhlich, wenn sie Gelegenheit haben, sich zu bewegen, zu entfalten und sich selbst-ständig zu machen. Da Ihr Kind nun werfen und robben kann, ist es im »Ställchen« genauso eingesperrt wie in einer Wippe oder in einem Sitzmöbel. Diese »Gefängnisse« trennen es von seinem Spielzeug und von seinen Erlebnis- und Erfahrungsmöglichkeiten.

Für die gesunde, harmonische Entfaltung Ihres Kindes ist das Zusammentreffen der drei Funktionen Werfen, Im-Blick-Halten und

Fortbewegen eine wichtige Station. Beobachten Sie, ob es beide Hände benützt für das Werfen und Robben, und auch, ob es abwechselnd beide Beinchen einsetzt. Bewegt es sich ausschließlich einseitig, sollten Sie mit Ihrem Kinderarzt darüber sprechen. Reden Sie ebenfalls mit dem Arzt, wenn es beim Drehen noch häufig auf sein Gesicht oder seinen Hinterkopf schlägt.

So können Sie ein mehrere Monate altes Baby gut aus der Bauchlage hochnehmen.

Wenn Sie Ihr Kind in dieser Zeit aus der Bauchlage hochnehmen wollen, dann greifen Sie mit Ihrer Hand und Ihrem Unterarm an seiner linken Seite vorbei unter seinen Bauch. Heben Sie es hoch und stützen Sie es mit seiner rechten Seite an Ihrer linken Hüfte ab. So haben Sie Ihre rechte Hand frei, um zu hantieren. Es bleibt dabei in der Bauchlage, hält einen großen Teil seines Gewichtes selbst und muss in der Schwebe balancieren. Sobald es stöhnt oder Anstrengung zeigt, nehmen Sie es wieder in den Arm, wie schon oben beschrieben (siehe Seite 23).

In dieser Entwicklungsphase ist davon abzuraten, Ihr Kind auf seine Füßchen zu stellen (siehe auch oben, beim Thema Spreizhose). Es ist zwar schon fähig, für kurze Zeit sein Gewicht zu übernehmen, jedoch kann es noch nicht aktiv stehen, sondern hält sich aufrecht mithilfe der für dieses Alter typischen »überschießenden Stützreaktion«. Dabei überstreckt es seine Fuß- und Beingelenke und »steht« auf seinen Zehenspitzen. Weder sein Gleichgewichtsgefühl noch seine Koordination sind darauf vorbereitet, sich in dieser Phase stehend aufzurichten, dazu ist es einfach im Moment noch nicht »im Stand«. Die Unsicherheit des Kindes verbunden mit der starken Belastung bewirken, dass sich seine Fuß-, Bein- und Hüftmuskeln verkrampfen. Das sollten Sie ihm ersparen.

Versuchen Sie nicht, Ihr Kind vorzeitig in den Stand aufzurichten.

Ebenso rate ich davon ab, dem Kind jetzt schon Schuhe anzuziehen. Die Füße sind aus vielen kleinen Knöchelchen aufgebaut, die, zusammen mit den zahlreichen Fußmuskeln, den Körper beim Gehen vor starken Erschütterungen bewahren. Diese recht komplizierten »Gehwerkzeuge« wachsen in dieser Entwicklungszeit und werden auf die Belastung des Gehens vorbereitet. Beengen Sie sie nicht mit Schuhen! Schuhe werden erst notwendig, wenn Ihr Kind frei geht und Schutz vor Nässe und Kälte braucht. Jetzt sind Wollsöckchen am besten geeignet, die kleinen Füße warm zu halten. Da es zudem mit Wonne mit seinen Füßchen spielt, würden Sie ihm den Zugang zu einem wesentlichen Erfahrungsfeld versperren und erschweren.

47

Wundern und vor allem ärgern Sie sich nicht, wenn es sich auch mit Freuden seiner Söckchen entledigt.

Als Spielangebot wird Ihrem Kind alles gefallen, was ihm geeignet erscheint, seinen Lebensraum auszuloten, das heißt alles, was es leicht werfen kann. Sie können ihm Klötzchen aus Holz oder Plastik geben, ein kleines Plüschtier, ein handliches Bällchen, einen Apfel. Was immer Sie ihm anbieten, überlegen Sie, dass es dem Härtetest der Munderforschung gewachsen sein muss. Dazu kommt, dass Ihr Kind alles dazu benutzen wird, sich mit seiner räumlichen Orientierung sicher zu machen, seine Tiefensensibilität zu verfeinern und zu klären. Das bedeutet, es wird werfen, fallen lassen, das Gewicht der Dinge erspüren und damit experimentieren. Wenn Sie beobachten, dass sein Interesse an einer Spielsache erlahmt, räumen Sie sie für ein paar Tage weg, um sie ihm dann erneut anzubieten. Sie werden erstaunt sein, dass es das Vertraute wiedererkennt und welche neue Spielarten ihm damit einfallen mit den Erfahrungen, die es inzwischen gewonnen hat! Für das Ausloten und Ausmessen des Raumes braucht es Dinge, die mit verschiedenem Gewicht immer neue Flugbahnen für seine Würfe liefern. Geben Sie ihm ruhig verschiedene »Lote«, verwirren Sie es jedoch nicht mit einem Überangebot.

Zusammenfassung

- Das Robben ist ein Meilenstein in der Entwicklung zur Eigenständigkeit und Unabhängigkeit Ihres Kindes.
- Das Zusammenspiel von Händchen, Sehvermögen und Gesamtmotorik durch Werfen, Im-Blick-Behalten und Robben wird immer differenzierter.
- Die inneren Konflikte, die diese Schritte begleiten, sind natürlich und entwicklungsbedingt: Das Bedürfnis nach Geborgenheit und Wärme in seiner Beziehung zu Ihnen trifft zusammen mit seiner Entdeckungsfreude und Unternehmungslust.
- Die zunehmende Unterscheidung von fremd und vertraut lässt es in dieser Zeit »fremdeln«.
- Durch selbständiges Robben können sich die Hüftgelenke gesund entwickeln.
- Behindern Sie seine Entwicklung nicht, indem Sie es zu früh auf die Füße stellen oder ihm Schuhe anziehen.
- Wählen Sie unzerbrechliche, »mundgerechte« Spielsachen, die es gut werfen kann.

Krabbeln

Balance und Koordination auf vier Punkten

Die Gleichgewichtsreaktionen Ihres Kindes sind stabiler und feiner geworden. Nun reicht es ihm nicht mehr, nur auf einer Ebene seine Welt zu erforschen. Es probiert und experimentiert und entdeckt so, dass es an Höhe und damit an neuen Perspektiven gewinnt, wenn es seine Arme streckt und sich auf seine Händchen stützt. Langsam und vorsichtig übt es die neue Bewegung: Es streckt seine Ellbogen, verlässt den gewohnten, sicheren Unterarmstütz und drückt somit sein neugieriges Köpfchen und seinen Oberkörper hoch. Dabei stützt es sich nur noch auf die Handflächen. Allmählich schiebt es sein Gewicht nach rückwärts und kommt dadurch auf seine Knie zu stehen. Es ist selbst am meisten überrascht über sein Kunststück. Wenn Sie ihm dabei zuschauen, genießt es schnurrend Ihre Bewunderung. Nun hat es eine völlig neue Stellung entdeckt, die sein Gesichtsfeld enorm vergrößert, es aber andererseits vor fast unlösbare Balanceprobleme stellt.

Auf Händen und Knien eröffnen sich neue Perspektiven.

Training im Vierfüßlerstand

Solange sich Ihr Baby ruhig über Händen und Knien hält und sich kaum bewegt, ist diese Stellung haltbar. Doch es hat nicht sein Gesichtsfeld vergrößert und neue Dimensionen entdeckt, um unbeweglich und um sein Gleichgewicht kämpfend vor dieser neuen Ebene zu knien. Zu viel Verlockendes und bisher Unerreichbares ist sichtbar und zum Greifen nahe geworden! Durch das Robben ist es viel zu sehr an Bewegung, an Fortbewegung gewöhnt, als dass es sich jetzt mit dem Vierfüßlerstand begnügen würde!

Es hebt also einen Arm ... und fällt zunächst einmal auf die Nase. Hebt es sein Bein, kippt es um und kullert auf den Rücken. Hier macht sich nun sein Falltraining aus der Zeit der Drehung bezahlt! Es kullert nämlich wirklich, ohne sich wehzutun. Doch Umkippen und Fallen können es nicht entmutigen. Immer wieder probiert es diesen Stand auf allen Vieren. Vorsichtig verlagert es sein Gewicht auf die Hände – nicht zu stark, die halten diesmal sein Gewicht. Langsam, balancierend schiebt es seinen Körper in Richtung Knie – schön gerade, sonst droht der nächste Fall zur Seite.

Dieses Mal ist alles gut gegangen und so wird Ihr Kind mutiger: Schneller und in größerem Schwung verlagert es sein Gewicht von den Händen auf die Knie, von den Knien auf die Hände. Vor und zurück wippt es mit seinem Körper. Seine Händchen stützen sich stabil und zuverlässig auf die geöffneten Handflächen, seine Ellbogen sind gestreckt. Seine Knie tragen gleichmäßig sein Körpergewicht und sorgen, zusammen mit den Armen, für einen soliden Stand auf allen Vieren.

Wieder einmal haben Ihre Reaktionen in dieser Übergangszeit große Bedeutung.

Bei all diesen Versuchen beobachtet Ihr Baby genau Ihre Reaktionen: Schauen Sie ihm ängstlich und besorgt zu? Oder bewundernd und zuversichtlich? Wenn es umkippt und fällt, bedauern Sie es oder bestärken Sie es in seinem Bemühen, den nächsten Anlauf zu starten? Wenn es bei seinem Falltraining erschrickt, trösten Sie es eher oder belächeln Sie sein Ungeschick? Wenn Sie es ermutigen und ermuntern, wird das seinen Umgang mit sich selbst in einer anderen Art

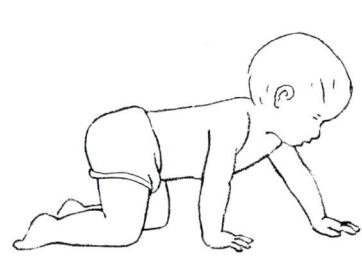 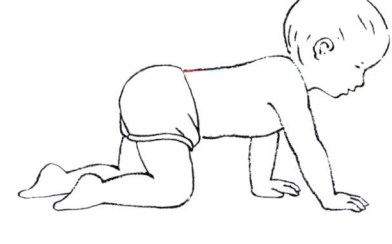

Es erscheint uns so leicht und ist doch eine kleine Meisterleistung: Ihr Baby beginnt zu krabbeln.

prägen, als wenn Sie es belächeln oder bedauern oder versuchen, ihm die Plagen des Lernens und Erforschens zu ersparen. Auch wenn es Sie manchmal in den Fingern juckt, einzugreifen und zu helfen, erlauben Sie Ihrem Kind, seine eigenen Erfahrungen zu machen, auf seine Weise mit dieser Herausforderung fertig zu werden. Es wird ihm gelingen, auf vier Punkten Balance und Stabilität zu finden.

Es wird Ihnen leichter fallen, ihm einfach nur zuzuschauen und Ihren Impuls, helfend einzugreifen, zurückzuhalten, wenn Sie mal

Beim Krabbeln erlebt Ihr Baby seine Umwelt aus einer höheren, d. h. neuen und spannenden Perspektive. Wenn es sich so sicher fortbewegen kann, hat es viel über Balance und Koordination gelernt.

wieder die Rollen vertauschen und in Ihrem Kind Ihren kleinen Lehrer sehen: So können Sie nämlich erkennen, mit welcher Unverzagtheit und Kreativität es sein Problem angeht. Beobachten Sie, wie es immer neue Möglichkeiten findet, sich auf diesen vier wackligen Punkten einzurichten und zu stabilisieren, wie es mit immer anderen Variationen Informationen sammelt und verarbeitet. Es ist diese Unverzagtheit und Unverdrossenheit, die wir alle in uns tragen. Sie haben auch uns in der Zeit unserer frühen Kindheit befähigt und beflügelt. Wieder kann es hilfreich sein, wenn Sie am eigenen Leib erfahren und spüren, wie es sich anfühlt, sich aus der Bauchlage, der Grundlage des Robbens, auf Ihre Hände zu stemmen, um dann Ihren Körper allmählich über Ihren Knien und Händen auszubalancieren.

Darf sich ein Kind natürlich entwickeln, legt es immer wieder sinnvolle Pausen ein – und Sie können von ihm lernen.

Noch eine wichtige Fähigkeit kann Sie Ihr Kind lehren: Wenn es Ihnen gelingt, es einfach mit seinem Übergang »spielen« zu lassen, werden Sie beobachten, dass es sich sein Neuland in kleinen Portionen zugänglich macht. Mal experimentiert es mit dem Probieren des noch Neuen, dann wieder besinnt es sich auf das schon Erworbene, das heißt, es robbt in seiner vertrauten Weise durch den Raum und sorgt so dafür, dass es sich im Umgang mit dem Gewohnten wieder entspannt. Vielleicht wird es auch einfach müde und überschläft die ganze Angelegenheit. Sie werden bemerken, dass es nach seinem Schlaf die Fähigkeiten, die es sich beim Eintritt in sein Neuland schon erworben hat, nicht nur nicht vergessen hat, sondern dass die sich weiter vertiefen und stabilisieren. Dieses Vertrauen in die ordnende Kraft der Entspannung und des Schlafes ist uns im Erwachsenenalter manchmal abhanden gekommen, z.B., wenn wir immer verbissener und verkrampfter daran gehen, die »harten Nüsse« unserer Probleme und Herausforderungen zu knacken!

Die Bedeutung von Körperhaltung und Körperentwicklung

Meine Arbeit wurde durch die Begegnung mit Dr. Moshé Feldenkrais (1904–1984) nachhaltig und entscheidend geprägt. Seine Forschungen zeigen, dass die Anlage unseres Körpers, unseres »Bewegungsapparates«, absolut und vollkommen dazu geeignet ist, dass wir uns problemlos und unbeschwert im aufrechten Gang im Schwerkraftfeld der Erde bewegen. Das bedeutet, dass wir die Freiheit und Vielfalt unserer Bewegungs- und Haltungsmöglichkeiten erst durch Einseitigkeiten und immer gleich bleibende Mechanismen beschränken und einengen. In der Kindheit benutzen wir Schutzreaktionen und Schonhaltungen, um uns vor Schmerzen und Verletzungen zu schützen. Wir neigen dazu, uns diese an sich sinnvollen Mechanismen im wahrsten Sinn »einzufleischen«, die so zu Gewohnheitsmustern erstarren. Einengend werden sie dadurch, dass wir sie nicht mehr bewusst wählen, sondern dass sie uns so »in Fleisch und Blut« übergehen, dass sie uns gleichsam einschließen. Nicht mehr wir haben diese Muster zur Verfügung, sie haben uns!

Die Grundlagen der Feldenkrais-Arbeit

Die Wurzeln unserer Haltungen und Verhaltensweisen entstehen in unseren frühkindlichen Bewegungsmöglichkeiten. Diese körperliche Haltung prägt und bestimmt auch unser emotionales Verhalten und unsere geistige Beweglichkeit und dadurch unsere sozialen Ausdrucksmöglichkeiten.

Deshalb ist es entscheidend für das Vermögen Ihres Kindes, ob es in dieser frühen Lebenszeit die Freude an seiner Bewegung und die Lust zu entdecken und zu experimentieren ausgiebig und unbehindert erleben darf – oder ob es, zum Beispiel in einer Wippe hängend, in der Monotonie stereotyper Bewegungen gefangen bleibt. Indem es seinen ungestörten Weg durch seine Bewegungsentwicklung gehen darf, entwickelt es Eigenständigkeit, Bewegungsfreude und Selbstbewusstsein. All die manchmal überraschenden, zuweilen auch schmerzhaften Erfahrungen befähigen den kleinen Erdenbürger, seine Kreativität und Beweglichkeit zu finden. Er erlebt, dass er auch schwierige Situationen und zunächst ausweglos scheinende Probleme selbst meistern und bewältigen kann.

Die körperliche, motorische Reifung Ihres Kindes geht einher mit dem Zunehmen seiner emotionalen, geistigen und sozialen Fähigkeiten und Wachstumsprozesse. Wie die Wurzeln der körperlichen Geschicklichkeit in diesen frühen Lebenswochen und -monaten gründen, ankert hier auch die Vielfalt seiner psychischen Stabilität und Selbstsicherheit. Vielleicht mag es Ihnen zunächst bequemer scheinen, Ihren kleinen Liebling in der Wippe verwahrt und kontrollierbar zu wissen. Jedoch kann Ihr bewusster Entschluss, Ihr Kind auf seinem

Körperliche und emotionale Sicherheit entspringen denselben Wurzeln.

Weg in die Selbständigkeit zu begleiten, und Ihre Bereitschaft, es auf seinem Weg in die Unabhängigkeit zu fördern, Ihre eigene Sicherheit nähren und bestärken, lernen Sie doch, ihm und seinen Fähigkeiten zu vertrauen. Sie werden erkennen, dass es seine eigene Art entfaltet und zur Verfügung hat, sich mit dem Leben und seinen Anforderungen auseinander zu setzen, wenn Sie es nur lassen!

Aus der Balance in die Bewegung

Nach diesem kurzen theoretischen Ausflug wenden wir unsere Aufmerksamkeit wieder Ihrem Kind und seinem Vorhaben zu. Im ausbalancierten Vierfüßlerstand hat es sich durch das Vor- und Zurückschaukeln so weit stabilisiert, dass es nun danach strebt, »in Gang« zu kommen. Seine Raumorientierung ist so frei, dass es seinen Kopf nach beiden Seiten drehen kann, ohne umzukippen. Dazu trägt auch sein verbessertes Gleichgewichtsgefühl bei. Mit dessen Hilfe ist es fähig, sich immer wieder auszubalancieren, wenn es zu kippen droht.

Beim Krabbeln greift das Kind auf seine Erfahrungen beim Robben zurück. Mit Bewegung, mit Gleichgewicht, mit Verlagerung, mit Fortbewegung hat Ihr Baby schon beim Robben Erfahrung gesammelt. Sobald die rechte Hand das Gewicht des Oberkörpers übernimmt, wird die linke frei zum Vorwärtssetzen. Gleich wiederholt es diesen Versuch auf der anderen Seite – und kann nun die rechte Hand nach vorn bewegen. Manchmal setzt es seine Hände noch zu weit vorwärts und plumpst dann auf den Bauch. Wegen solch kleiner »Unfälle« lässt es sich jedoch nicht in seiner Entdeckerfreude bremsen. Da diese Verlagerung von der linken zur rechten Hand und wieder zurück so gut gelungen ist, versucht es allmählich diese Technik auch mit den Knien – und auch hier funktioniert sie. Fasziniert vom Erfolg, übt und probiert Ihr Kind immer wieder.

Nun ist es also geschafft! Ihr Kind kann auf allen Vieren stehen und sich fortbewegen. Es hat gelernt, sein Gewicht so zu verlagern, dass es jeweils einen seiner vier Stützpunkte hochheben und vorwärts setzen kann. Es bewegt sich vorsichtig und überlegt, hat es doch gut und aufmerksam aus seinen Erfahrungen gelernt.

Jede neue Entwicklungsstufe erfordert entsprechende Schutzmechanismen, deren Grundlagen es während der vorhergehenden

Durch sein verfeinertes Sehvermögen kann das Baby jetzt kleinste Details wahrnehmen. Erst diese Fähigkeit ermöglicht es ihm, sicher und geschickt mit dem Pinzettengriff zu hantieren.

vorbereitet hat. Wenn es beim Krabbeln das Gleichgewicht verliert und zur Seite kippt, rollt es sich geschickt ein. Beim Krabbeln »vergisst« es anfangs vielleicht manchmal die Stützfunktion seiner Hände und prallt mit der Stirn auf dem Boden auf. Auch solche Unfälle nutzt es zum Lernen. Bald achtet es darauf, seine Hände sorgfältig und stabil aufzustellen, um so Gesicht und Köpfchen wirksam zu schützen.

> **Jeweils von der Entwicklungsstufe aus, auf der es sich vollkommen sicher fühlt, beginnt ein Kind die nächst höhere vorzubereiten und zu erobern. Wird es ihm dort zu unsicher und zu unangenehm, rettet es sich in seine vertraute Lage zurück. Wird ihm zum Beispiel der Vierfüßlerstand zu riskant, tritt es den Rückzug zur Bauchlage und zum Robben an.**

Der Pinzettengriff entwickelt sich

Nun also krabbelt Ihr Kleines immer sicherer und übt dabei die Schutzmechanismen, die es beim Stehen und Gehen benötigen wird: das schützende Stützen der Hände beim vorwärts Fallen und das Abrollen beim seitwärts oder rückwärts Fallen. Ihr Kind verlagert das Gewicht koordiniert vom Knie zur Hand, zur anderen Hand und zum anderen Knie. Es setzt seine Stützen in gleichmäßigem Rhythmus ein. Mit seinen Händen greift es zielsicher, flink, geschickt und erinnert kaum mehr an das Baby, das tollpatschig an seinem Ziel vorbeigrabschte.

Inzwischen nimmt es die kleinsten Fussel am Boden wahr, versucht sie aufzusammeln und zu verspeisen. Das Werfen wird immer bewusster; Ihr Kind lernt den Unterschied kennen zwischen leichtem Schubsen und kräftigem Schleudern.

Das feine Greifen, Zangen- oder Pinzettengriff genannt, zeigt wieder eine großartige Leistung Ihres Babys. Zunächst hat es gelernt und erfahren, dass seine Hände zu ihm gehören, ihm gehorchen. Nun spielt, lutscht, forscht es mit seinen Fingern, dreht und wendet seine Händchen vor seinen Augen, ballt Fäustchen und öffnet sie wieder, bis es entdeckt, dass es seinen Daumen den anderen vier Fingern entgegenstellen kann.

Diese Fähigkeit den Daumen zu opponieren ist einer der Entwicklungsschritte, die die menschliche Entwicklung von der der Affen unterscheidet. Die Affenhand greift mit allen fünf Fingern nebeneinander. Beim reifen menschlichen Greifen wird der Daumen den übrigen vier Fingern gegenübergestellt. Das erleichtert den Umgang mit jeder Art von Werkzeug enorm, was Sie im Selbstversuch leicht nachprüfen können.

Nun hat Ihr Kleines also diese Fertigkeit erworben und praktiziert sie wie immer mit Hingabe und Begeisterung. Kein Fussel, kein Krümel ist ihm zu klein, ihn aufzunehmen, zu beäugen und in den Mund zu stecken. Noch immer ist sein Mund die Instanz, mit deren Hilfe und Sensibilität es sichert und bestätigt oder austariert, was seine Augen und seine Hände, inzwischen auch sein Fingerspitzengefühl ihm melden.

Da diese Tast- und Sensibilitätsfunktion seines Mundes noch immer so notwendig ist für das Fein- und Fingerspitzengefühl Ihres Kindes, empfehle ich Ihnen einerseits Gelassenheit, falls Sie besorgt sind, weil es auch mal Dinge in den Mund steckt und eventuell auch schluckt, die Sie ihm nicht unbedingt als Nahrung anbieten würden. Andererseits braucht es noch einmal einen Kontrollgang in der neuen Augenhöhe Ihres Babys, um speziell Kleinigkeiten wie zum Beispiel Knöpfe, Schachfigürchen und so weiter aus seiner Reichweite zu entfernen. Da es begonnen hat, mit seinen geschickten Fingerchen nicht nur seinen Mund, sondern auch Näschen und Ohren zu erforschen, besteht nicht nur die Gefahr, dass es diese Dinge verschluckt, sondern auch, dass es damit experimentiert, sie in seine Nasenlöcher oder Ohren zu stecken!

Die Blickhöhe, die es mit dem Krabbeln erreicht hat, verhilft ihm dazu, auch beim Werfen die dritte Dimension Höhe zu erfahren. Sein Sehvermögen hat sich nicht nur verfeinert, was ihm erlaubt, all die Kleinigkeiten zu entdecken, die es bisher großzügig übersehen und übergangen hat. Gleichzeitig hat sich seine Weitsicht erheblich verbessert und vergrößert. Dadurch und in Kombination mit dem Erreichen seiner »höheren Warte« beim Krabbeln, wächst seine Fähigkeit, sich im Raum zu orientieren und zurechtzufinden.

Hat es beim Robben mit seinen Würfen die horizontale Ebene erforscht, lotet es jetzt die Höhe und Tiefe des Raumes aus. Die Entwicklung seiner Tiefensensibilität wird dadurch entscheidend gefördert und seine Raumempfindung verfeinert. Die schnelle, immer

Wegen der veränderten Augenhöhe und Greiffähigkeit ist eine neue Sicherheitsinspektion fällig.

Passiv hingesetzt werden ist nicht das Gleiche wie sich selbst aktiv hinsetzen. Muskulatur, Orientierung und Gleichgewicht müssen sich für diese Haltung erst ausreichend entwickeln.

sicherer werdende Fortbewegung des Krabbelns bedeutet für Ihr Kind wieder einen großen Schritt weiter in Richtung Selbstsicherheit und Eigenständigkeit.

Zusammenfassung

- Im Vierfüßlerstand spielt Ihr Baby mit seiner Balance, seinen Schutzfunktionen und seiner Orientierung im Raum.
- Das Krabbeln erlaubt ihm, die Welt aus einer »höheren Warte« zu erleben.
- Der Spiel-Raum braucht eine neue »Sicherheitsinspektion«.
- Mit seinem Pinzettengriff erfasst es Details und Kleinigkeiten.
- Die neue körperliche Eigenständigkeit hat Auswirkungen auf seine geistige, psychische und soziale Beweglichkeit.

Sitzen
Der aktive, eigenständige Sitz

In dieser Phase – manchmal vor dem Krabbeln, häufig jedoch mit dem Beginn des Krabbelns – lernt Ihr Kind auch das Sitzen. Sie können sich das so vorstellen: Ihr Kind krabbelt zu dem Spielzeug, das es gerade interessant findet. Will es damit hantieren, muss es sich drehen, um in die Rückenlage zu kommen, denn auf dem Rücken liegend hat es beide Hände frei. Dieser Bewegungsablauf und auch die Anstrengung, danach wieder zurück in den Vierfüßlerstand zu gelangen, sind aufwändig. Gibt es eine einfachere Möglichkeit? Von der Krabbelstellung aus kann es sich auf eine Seite absetzen. Verlagert es sein Gewicht zum Beispiel auf die rechte Pobacke, kann es sein Gewicht mit der rechten Hand übernehmen. So wird die linke frei zum Greifen.

Das ist aber erst der Anfang. Es lockt Ihr Kind, in dieser Stellung zu spielen. Eine kleine Gewichtsverlagerung genügt, schon steht es wieder auf den Händen und Knien, bereit zum Krabbeln.

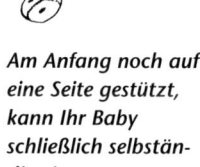

Beide Hände frei zum Spielen

Immer häufiger nimmt es nun diese neue Sitzhaltung ein: hockt auf einer Seite, gestützt auf eine Hand, spielt, schwingt sich auf alle Viere und flitzt weiter. Irgendwann kommt die Zeit, wo die Notwendigkeit mit beiden Händen zu werkeln größer wird als die Unsicherheit des Gleichgewichtsgefühls. Nur ein kleiner Schwung ist noch nötig, das Gewicht auf beide Gesäßhälften zu verlagern: Da sitzt es!

Am Anfang noch auf eine Seite gestützt, kann Ihr Baby schließlich selbständig sitzen.

Es genießt diese neue Möglichkeit, die ihm jetzt folgerichtig eine neue Handlungsfreiheit eröffnet. Im Sitzen kann es mit beiden Händen werkeln und ist doch sofort in der Lage, in Krabbelstellung zu kommen, um sich fortzubewegen und sich Neuem zuzuwenden.

In dieser Entwicklungsphase ist Ihr Kind auf das Sitzen vorbereitet. Beim Robben und Krabbeln sind seine Rücken- und Bauchmus-

Für Ihr Baby ist
die Fähigkeit zu
sitzen weniger
erstrebenswert,
als Erwachsene
oft meinen.

*Mit seiner weiter-
entwickelten Rücken-
muskulatur kann
Ihr Baby jetzt
bequem auf Ihrer
Hüfte sitzen.*

keln gekräftigt worden. Nun sind sie bereit, den schweren Kopf zu tragen und den Rücken senkrecht zu halten. Vom Blickfeld gehen die notwendigen und wichtigen Anreize aus, die es in die Lage versetzen, sich aufzurichten. Die geistigen Fähigkeiten, mit deren Hilfe die gesteigerte Zahl von Signalen der Orientierung verarbeitet werden, sind so weit gewachsen und koordiniert, dass es sie zu einem Gesamtbild ordnen und zusammenfügen und selbst sein aufrechtes Sitzen einrichten kann. Zugleich damit und mit der im Tasten erworbenen Tiefensensibilität stellt sich das Gleichgewichtsorgan im Innenohr auf die neu erreichte aufrechte Haltung ein. Außerdem sind nun auch die Schutzmechanismen Ihres Kindes so gut vorbereitet, dass es jetzt geschickt, rund und weich fällt, wenn es umkippt. Es sitzt frei, stabil, mit aufrechtem Rücken und locker gebeugten Beinen. Jetzt können Sie es unbeschadet im Buggy und Autositz mitnehmen. Tragen Sie es nun so, dass es auf Ihrer Hüfte sitzt, das Gesicht Ihnen zugewandt.

Ich erlebe oft, dass der Fähigkeit und dem Zeitpunkt des Sitzens ungeheuer große Bedeutung geschenkt wird. In unserer Kultur, in der das Dasein im Sitzen so ausgeprägt und langzeitig unseren Tageslauf bestimmt, gehen wir leicht davon aus, auch das bewegliche, entdeckungsfreudige Baby hätte das Bestreben, sobald wie möglich die Fähigkeit des Sitzens zu erreichen. Wenn es jedoch genügend Spielraum und Bewegungsfreiheit hat, erledigt es die Entdeckung des Sitzens eher beiläufig und nebenher. Viel wesentlicher ist ihm die Möglichkeit, alles in seiner Umgebung und in seinem Lebensraum zu erforschen. Auch altbekannten Dingen widmet es sich mit seinen neu erworbenen Fähigkeiten und Fertigkeiten, um sich aus seiner erweiterten Sicht noch einmal aktuell damit auseinander zu setzen.

Die Bewegungsentwicklung ganzheitlich betrachten

Es kann sein, dass bei ärztlichen Vorsorgeuntersuchungen das Sitzen Ihres Kindes isoliert betrachtet und ohne Zusammenhang mit der Gesamtentwicklung gesehen und bewertet wird. Dabei wird diese Fähigkeit oft viel zu wichtig genommen. Ich empfehle Ihnen, diese Funktion im Kontext mit der ganzheitlichen, persönlichen Entwicklung Ihres Babys zu betrachten.

Beobachten Sie die Bewegungsabläufe bei Ihrem Baby

- Falls es kippt, rollt es sich ein? Kann es das über seine beiden Seiten? Es braucht einfach noch etwas Zeit und Gelegenheit, weiter zum Aufrichten (Sitzen) zu kommen. Bedenklich könnte sein, wenn es sich ständig nur über eine Körperseite dreht und rollt.
- Robbt es? Benutzt es dazu seine beiden Ärmchen und Beinchen? Auch da braucht es noch Zeit und Gelegenheit, bis es sich vollends sicher genug fühlt, um sich zum Sitzen aufzurichten. Beachten sollten Sie, wenn es ständig nur ein Beinchen oder ein Ärmchen zum Robben einsetzt. Dann müssen Sie eventuell dafür sorgen, dass Ihr Kind Unterstützung bekommt.
- Krabbelt Ihr Baby? Benützt es seine vier Stützpunkte gleichmäßig und geschickt? Dann wird es sehr bald das Bedürfnis haben, sich zum Spielen und Verweilen hinzusetzen. Lassen Sie ihm noch etwas Zeit.
- Krabbelt Ihr Kind und setzt sich zwischendurch kurz mal auf die eine, mal auf die andere Seite, um dann gleich weiterzukriechen? Dann kann Ihr Kind frei sitzen, auch wenn es nicht bereit sein sollte, das beim Kinderarzt vorzuführen! Aufmerksamkeit ist jedoch geboten, wenn Ihr Baby aus dem Sitzen auf den Hinterkopf prallt, ohne sich einzurollen. Auch wenn es immer wieder auf sein Gesichtchen fällt, ohne sich schützend mit seinen Händen abzufangen, sollten Sie das mit Ihrem Kinderarzt besprechen.

Mein Rat geht natürlich nicht dahin, dass Sie sich über Bedenken oder Befunde Ihres Kinderarztes hinwegsetzen. Da Vorsorgeuntersuchungen jedoch auch manchmal schematisch nach Altersvorgaben stattfinden, sollten Sie die Möglichkeit haben und in Anspruch nehmen, sich mit den Ergebnissen kritisch auseinander zu setzen.

Meine Erfahrung in der Arbeit mit Babys und Kindern und deren Eltern hat mir gezeigt, dass es problematisch sein kann, ein Kind mit und an diesen schematischen Altersangaben zu messen und seinen Entwicklungsstand danach zu bewerten.

So gibt es Kinder, die vor oder mit ihrem ersten Geburtstag frei gehen können, andere lassen sich noch ein paar Wochen oder auch Monate Zeit. Genau wie Erwachsene sind Kinder mit unterschiedlichem Temperament ausgestattet. Manche sind, bewegt von Neugier und Lebendigkeit, sehr früh dran, andere lassen eher gelassen die Dinge auf sich zukommen.

Der Altersrahmen, in dem ein Kind eine Entwicklungsstufe erreicht, kann sehr verschieden sein.

Im aufmerksamen Beobachten Ihres Kindes ist Ihnen bestimmt klar geworden, dass es in seiner Zeit, in seinen Rhythmen lernt, Fortschritte macht, auf einer Stufe länger verweilt, eine andere eher durcheilt. Gespräche und Begegnungen mit anderen Babys und deren Eltern mögen Ihnen auch gezeigt haben, dass jedes Kind sich von anderen unterscheidet. Es wird Ihnen gelingen, Ihr Baby als Gesamtpersönlichkeit zu sehen, auch und gerade, wenn irgendeine »Auffälligkeit« festgestellt werden sollte.

Auch äußere Einflüsse können es auf einer Stufe, in einer Phase verweilen lassen. So ist es möglich, dass die Veränderungen und Turbulenzen eines Umzugs Ihr Baby veranlassen, zunächst einmal in seiner vertrauten Entwicklung zu verharren, um dann plötzlich und scheinbar ohne Grund enorm »anzuschieben«. Das Gleiche gilt für Krankheitszeiten, gleichgültig, ob es selbst eine Kinderkrankheit durchstanden hat oder ob es wegen einer Krankheit Ihrerseits eine Trennung von Ihnen verkraften musste.

Durch Ihr intensives Umgehen mit Ihrem Kind werden Sie kundig, verantwortungsvoll und sicher mit derartigen Situationen umgehen können, ohne aus Angst oder Verunsicherung reagieren zu müssen.

Zusammenfassung

- Ihr Baby entdeckt das freie Sitzen als folgerichtige, doch eher beiläufige Möglichkeit, seine Händchen zum Spiel frei zu bekommen.
- Jetzt sollten Sie noch einmal die kindliche Bewegung in ihren Zusammenhängen beobachten, um es gegebenenfalls zu unterstützen.

Aufrichten

Aufrecht werden

Ihr Kind ist inzwischen in der ganzen Wohnung daheim. Es gibt keinen Raum, keine Ecke, die es nicht erreichen und erkunden würde. Es klettert auf Sessel und Treppen und bewegt sich mit abenteuerlicher Unbefangenheit in der Nähe von Ecken und Kanten. Lassen Sie sich dadurch nicht erschrecken.

Die Kunst, eine Treppe wieder herunterzukrabbeln

So zeigen Sie ihm auf der untersten Stufe einer Treppe, wie es im Rückwärtsgang wieder absteigen kann: Locken Sie es mit einem Spielzeug zur Treppe und lassen es krabbelnd die erste Stufe erklimmen. Es wird sie zunächst mit seinen Händchen in Besitz nehmen, um dann, bewegt von seiner Neugier, ein Beinchen auf die unterste Stufe zu bringen. Wenn es etwas eng wird, wird es versuchen, eine Hand auf der nächsten Stufe unterzubringen – und schon kommt das zweite Beinchen mit auf die unterste Stufe.

Achten Sie darauf, ob Ihr Baby Spaß hat an diesem Unternehmen oder ob es desinteressiert oder ängstlich auf Ihr Spielangebot reagiert. Sollte das der Fall sein, lassen Sie es einfach seiner Wege krabbeln und warten Sie ein paar Tage, bis Sie den nächsten Versuch starten.

Zeigt es jedoch Freude beim Klettern, dann ist das der richtige Augenblick, gemeinsam mit ihm ein bisschen an der Treppe zu experimentieren. Warten Sie ab, was es auf diesen ersten Stufen zu entdecken gibt und lassen Sie ihm Zeit, unter Ihrer Obhut diese schwindelnde Höhe zu genießen. Erst allmählich locken Sie es dann wieder zur Ausgangsebene zurück. Wahrscheinlich wird es versuchen, seinem Blick folgend, mit den Händchen voran den Rückweg anzutreten – und das könnte gefährlich und schmerzhaft enden! Das

So können Sie Ihr Baby fördern, ohne es zu drängen.

Gewicht seines Köpfchens zusammen mit dem Gefälle der Treppe überfordert die Stützfähigkeit seiner Ärmchen und es könnte auf der Nase landen.

Drehen Sie Ihr Baby also wieder mit seinem Gesichtchen und seiner Vorderfront so zur Treppe, dass seine beiden Händchen auf der zweiten Stufe liegen. Nehmen Sie dann langsam und vorsichtig ein Bein und geben ihm für einen Moment mit Ihrer Hand Unterstützung. Wenn Sie spüren, dass es sich auf die Führung Ihrer Hand einlässt, bewegen Sie dieses Beinchen sehr langsam abwärts in Richtung Fußboden, also nach rückwärts, bis sein Knie auf dem Fußboden landet. Sie sollten deshalb so langsam und behutsam vorgehen, damit Sie ihm Gelegenheit geben, sein anderes Beinchen und seine Händchen so zu koordinieren und zu platzieren, dass es nicht sein Gleichgewicht verliert. Reden Sie mit Ihrem Kind dabei, sprechen Sie mit ruhiger, freundlicher Stimme. Sie können ihm erklären, was Sie da gerade mit ihm vorhaben, Sie können einfach ein paar liebevolle Worte wählen oder ein bisschen singen. Das Entscheidende ist nicht die Wahl Ihrer Worte, sondern dass Sie mit Ihrer Stimme zum Ausdruck bringen, dass Sie ganz präsent bei Ihrem Kind sind, um ihm etwas Wichtiges beizubringen.

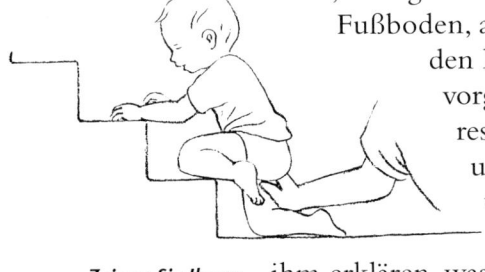

Zeigen Sie Ihrem Kind, wie es sicher rückwärts eine Treppe herunterkrabbeln kann.

Vielleicht spüren Sie sein Bestreben, sofort wieder zur ersten Stufe aufwärts zu krabbeln. Dann geben Sie ihm die Zeit zu spüren, dass es zunächst einmal wieder in Sicherheit angekommen ist. Wenn es wieder hoch will, behalten Sie es noch im Blick. Sie sollten sich versichern, ob es den Rückwärtsgang für den Weg nach abwärts verinnerlicht hat.

Dies sei ein Beispiel, wie Sie Ihr Kind lehren können, ja müssen, mit Gefahren fertig zu werden. Sie können nicht vermeiden, dass es mit Stufen und Treppen, das heißt mit Höhenunterschieden in Kontakt kommt. Wenn Sie in Ihrer Wohnung keine Stufen haben, können Sie das gleiche Spiel mit dem Erklimmen eines Sessels oder einer Liege üben. Wichtig ist, dass Sie Ihrem Kind die Erfahrung zugänglich machen, dass im Moment der gefahrlose und sichere Weg aus der Höhe noch über den Rückwärtsgang erfolgen muss.

Um den Unterschied in der Belastung und im Risiko hautnah zu spüren, lade ich Sie ein, die beiden verschiedenen Gangarten selbst auszuprobieren. Vielleicht genügt Ihnen schon der Versuch mit einer Matratze. Erklimmen Sie sie im Vierfüßlergang, also krabbelnd. Kommen Sie dann rückwärts, Knie für Knie, zum Fußboden zurück – wahrscheinlich mühelos und sicher. Dann wiederholen Sie Ihren Aufstieg und wenden sich dieses Mal mit Ihrem Gesicht zum »Abgrund«. Probieren Sie nun den Abstieg im Vorwärtsgang, vorsichtig genug, um nicht mit einem Purzelbaum auf der Ausgangsebene anzukommen.

Ein Eigenversuch zeigt, wie wichtig dieser einfache Kniff für die Sicherheit Ihres Kleinen ist.

Umgang mit Gefahrenquellen

Falls Sie eine abwärts führende Treppe in Ihrer Wohnung oder in Ihrem Haus haben, verschließen Sie sie mit einem Gitter, bis Ihr Kind auf der ersten nach oben führenden Stufe oder mithilfe von Sessel oder Liege gelernt hat, mit Stufen und Höhe umzugehen. Wenn Sie es jedoch völlig von der Erlebnismöglichkeit »Treppe« fern halten, kann es, wenn es in einem unbeobachteten Augenblick losklettert, auf keinerlei schützende Erfahrung zurückgreifen. Das könnte einen schweren, schmerzhaften Sturz zur Folge haben.

In jeder Wohnung gibt es viele Gegenstände, die einerseits verletzen können, andererseits notwendige Erfahrungen ermöglichen. So werden Sie nicht alle Türen aushängen, weil Ihr Kind sich darin die Fingerchen einklemmen kann – erlebt es doch auch damit, dass Türen sich um ihre Angeln drehen und bewegen lassen. Sie tun ihm auch nichts Gutes, wenn Sie jedes Tischbein oder alle Ecken abpolstern. Im Umgang damit wird es lernen, seine Bewegungen und Handlungen immer besser in Beziehung zu diesen Begrenzungen zu setzen. Dadurch wird es zunehmend sicherer und geschickter und seltener anecken. Der blaue Fleck, die Beule, die Schramme, die es sich an einer Stuhlkante zugezogen hat, sind notwendiges Lehrgeld für seine Erfahrung, dass ihm diese Kante nicht nur nicht ausweicht, sondern ihm so lange schmerzhafte Stöße versetzt, bis es bereit ist, seine Aktivitäten auf die Gegebenheiten und Hindernisse des Raumes abzustimmen.

Den sicheren Umgang mit Gefahren sollte ein Kind lernen dürfen.

Gefahrenquellen, die wirklich schwer schädigen können, wie zum Beispiel Elektrokabel, (Tisch-)Decken, die es herunterziehen, oder unstabile Möbelstücke, mit denen es umkippen kann, sind selbstverständlich zuverlässig zu sichern. Achten Sie auch auf geöffnete Fenster oder Balkontüren! Auch wenn Sie Ihr Kind nur kurze Zeit allein in einem Raum lassen, kann es flink und neugierig genug sein, die Gelegenheit für einen Sturz zu »nutzen«!

Ihr Kind ist ungeheuer beschäftigt. Hier will es entdecken, wie eine Schublade auf- und zugeht (auch dabei kann mal ein Fingerchen eingeklemmt werden), dort ist eine Türe zu bewegen. Dann zwängt es sich unter Stühle und Schränke, weiß sich aber meist selbst wieder aus der Zwangslage zu befreien. Eifrig benützt es beide Hände, klopft, greift, wirft und sammelt mithilfe seines Pinzettengriffs Fussel und Krümel ein.

In dieser Zeit wird das Repertoire seiner Laute und Silben täglich größer und differenzierter. So konzentriert es mit sich selbst plaudert, so begeistert ist es, wenn Sie sich mit ihm beschäftigen und mit ihm reden oder singen und scherzen. Es beginnt damit, Silben zu verdoppeln. Das erste »ma-ma« und »pa-pa« klingt für die Eltern ganz besonders beglückend.

Der Weg in die Höhe

Mit allen Mitteln versucht Ihr Kind jetzt, Höhe zu gewinnen, um mehr zu sehen, Neues zu erleben. Dabei merkt es, dass es seinen Oberkörper höher bringen kann, wenn es sich mit seinen Händen an einem Möbelstück oder an einer Wand abstützt. Lehnt es sich mit dem Oberkörper dagegen, kann es sogar seine Hände benutzen und sich einen Gegenstand greifen und untersuchen. Zum Weiterkrabbeln braucht es sich bloß wieder auf seine Hände zu stützen – fertig ist der Vierfüßlerstand/gang.

Vom Kniestand zieht Ihr Baby sich schließlich alleine hoch in den aufrechten Stand.

Diese neue Stellung »hoch auf den Knien« gefällt Ihrem Kind ausnehmend gut. Ein umfallender Stuhl oder ein wegrutschender Hocker schrecken es dabei wenig. Da der Schwerpunkt im Kniestand ein ganzes Stück höher liegt als beim Krabbeln, ist es etwas schwieriger, sich auszubalancieren. Zur Bewältigung dieser Aufgabe greift das Kind auf erprobte Bewegungsmuster zurück. Es kommt schließlich dahinter, dass es mal die eine Hand, mal die andere, mal das eine Knie, mal das andere belasten oder bewegen kann. Jetzt kostet es noch ein paar kräftige Anstrengungen, sich mit den Armen hochzuziehen und von den Knien auf die Füße zu kommen. Dann ist es so weit: Ihr Kind steht!

Das Krabbeln auf Stufen und Treppen, also die Bewältigung von Höhenunterschieden, ist ein weiterer Schritt auf dem Weg zum Aufrechtwerden. Wichtig ist, dass Ihr Kind den rückwärts gewandten Abstieg sicher beherrschen lernt.

Die ersehnte und erstrebte Höhe ist erreicht. Behutsam und doch stolz wagt es, sich umzuschauen, um all die Dinge zu betrachten, die es von unten nur erahnen konnte oder aus der Sicherheit des Getragenwerdens kannte. Ein riesiger Horizont tut sich da auf!

Vielleicht ereilt Ihr Kleines gleich ein Sturz aus dieser ungewohnten Höhe. Unerschrocken und unverzagt krabbelt es zum nächsten Stuhl, um sich erneut aufzustellen. Vorsichtig und zaghaft wagt es, alles Gewicht auf ein Bein zu verlagern, um auch das andere in Position zu bringen. Dann übernimmt es mit diesem sein gesamtes Gewicht – das Prinzip kennt es ja vom Krabbeln –, um den anderen Fuß sicher aufzustellen.

Nachdem es nun stabiler steht, kann es riskieren, seinen Kopf zu drehen, sich umzuschauen, ohne dass es diese Kühnheit sofort mit einem Sturz bezahlen muss. Es fängt an, all die Fertigkeiten, die es sich während der vorhergehenden Entwicklungsstufen erworben hat, im Stand auszuprobieren. Sobald es sein Gewicht von einem Bein aufs andere verlagern kann, hält es sich nur noch mit einer Hand fest, um mit der anderen spielen zu können. Falls es beide Hände loslässt, erinnert es ein Fall daran, dass es das noch nicht so ganz durchhalten kann.

Zu Beginn dieses aktiven Stehens setzt ihr Kind seine Füße noch ganz zufällig auf, Hauptsache es gewinnt an Höhe. Das ergibt manchmal abenteuerliche Fußstellungen. Oft hat es in dieser Anfangszeit seine Zehen stark eingerollt, als wollte es sich damit am Fußboden festkrallen. Vielleicht steht es auch auf den Innenkanten seiner Füße oder auf den Außenkanten. Das liegt zum Teil am Windelpaket, das ihm seine Beine spreizt, zum Teil aber auch an seinem Sicherheitsbedürfnis. Es steht breitbeinig, um seine Unterstützungsfläche zu vergrößern und seinen Schwerpunkt etwas tiefer zu legen.

Sie werden beobachten, dass Ihr Kind locker und in seinen Kniegelenken federnd steht, sobald sein Gleichgewichtsgefühl und damit seine Balance stabilisiert ist. Der Zusammenhang zwischen Fuß- und Beinstellung einerseits und der Sicherheit des Gleichgewichtsgefühls andererseits wird in dieser Entwicklungsphase besonders deutlich: Je leichter es sich ausbalancieren, je sicherer es sein Gleichgewicht halten kann, desto elastischer und lockerer stellt es Beine und Füße. Wieder geht die Entwicklung des Sicherheitsgefühls mit dem Aufbau der Schutzmechanismen einher. Erst wenn es sich im Stand sicher fühlt, getraut es sich zu gehen.

Was bringt das Kind aus den vorangegangenen Entwicklungsphasen mit und was muss es neu lernen, um sich nun im Stand zu schützen? Vom Krabbeln weiß es, dass es weich fällt, wenn es sich seitlich abrollt und den Kopf einzieht. Neu ist zu lernen, wie man aus dem »hohen Stand« fällt, um auf allen Vieren zu landen. Dazu sind zwei Dinge notwendig: Es muss erstens seinen Kopf und sein Gesichtchen schützen. Das erreicht es dadurch, dass es beim Fall nach vorne den Aufprall mit seinen Händchen abfängt. Fällt es nach rückwärts, rollt es seinen Rücken, Nacken und Kopf ein, um so die Wucht des Sturzes zu mildern. Außerdem muss es die Höhe abbauen, indem es die Knie beugt. Findet der Sturz bei schützend ausgestreckten Armen und elastisch gebeugten Knien statt, kommt das Kleine immer in eine Stellung, die es von seinen früheren Entwicklungsstufen her schon kennt. Über sie kommt es gefahrlos zur Rücken- und Bauchlage zurück. Natürlich spielen sich diese Abläufe blitzschnell ab. Der Körper muss reibungslos und rasch auf die erforderlichen Schutz- und Bewegungsmuster zurückgreifen können.

Jetzt kann sich Ihr Baby aus jeder Stellung auf sicheres Terrain zurückziehen.

Jede einzelne Bewegungsstufe, die Ihr Kind bis jetzt erfahren und erlebt hat, trägt dazu bei, ihm den freien und aufrechten Gang zu ermöglichen und den Weg dorthin zu erleichtern – eine Erfahrung, die sich nicht nur in der körperlichen, sondern auch auf seine innere Haltung auswirkt.

Freies Gehen braucht ausreichend Zeit

Die Fähigkeit, ohne Verletzung fallen zu können, bestimmt in hohem Maß das Sicherheitsgefühl, die Selbstsicherheit des Menschen. Sie ruht auf dem Vermögen, sich im Raum zu orientieren, Entfernungen in allen drei Dimensionen richtig einzuschätzen und auf verlässlichen Bewegungsabläufen. Es ist daher gerade für das spätere Selbstvertrauen wichtig, dass sich Ihr Kind in seiner zunächst kleinen Umwelt so früh und ungehindert wie möglich bewegen lernt, um sich entfalten und ausdrücken zu können. Jede Fähigkeit, die auf den einzelnen Entwicklungsstufen neu erworben wurde, muss in der Umwelt angewendet und erprobt werden.

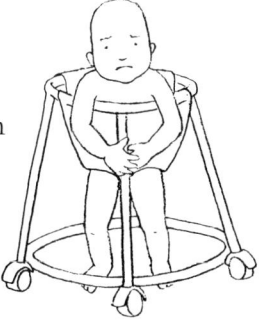

Ein »Gehhilfeapparat« hemmt ihr Baby eher, als dass er ihm hilft.

Führen Sie Ihr Kind jetzt noch nicht an der Hand.

Sperren Sie deshalb das auf sein eigenes Fortbewegungsvermögen orientierte kleine Wesen nicht in einen »Gehhilfeapparat«. Führen Sie es jetzt noch nicht an der Hand, um es zum Vorwärtsgehen zu drängen. Die meisten Kinder setzen sich einfach auf den Boden, sobald man versucht, sie dazu zu verleiten. Und sie reagieren gesund damit.

Ihr Kind probiert momentan aus, sich seitwärts an Möbeln und Wänden entlangzuhangeln, um so mit seinen Bewegungen im Stand stabil zu werden. Der Vorwärtsgang, den es können müsste, um an Ihrer Hand zu gehen, baut auf der Erfahrung und Sicherheit auf, die es sich mit diesem Seitgang erwirbt. Verführen Sie es nicht dazu, eine Stufe zu überspringen.

Sie sollten ihm auch jetzt noch keine Schuhe anziehen. Das beste ist, wenn Sie es bei warmem Wetter barfuß spielen lassen, wenn es kühl wird mit Wollsöckchen, die lang genug sind, dass seine Füße mit gestreckten Zehen Platz darin haben. Seine Beziehung zu seinen Füßen ist noch sehr innig und unbefangen, es wird gerne seine Fußbekleidung ausziehen, um Füße und Zehen wiederzufinden und sich an ihrer Beweglichkeit zu freuen. Falls Sie glatte Fußböden haben, machen Sie die Söckchen dadurch rutschsicher, dass Sie eine dünne Wildledersohle darunter nähen. Es gibt solche und ähnliche Antirutschsocken bereits fertig im Fachhandel zu kaufen.

Geben Sie Ihrem Kind die Zeit, die es braucht, um seine Gleichgewichtsreaktionen zu stabilisieren, seine Schutzmechanismen zu vervollständigen und das freie Gehen vorzubereiten. Es wird erst dann seine ersten Versuche starten und den freien Gang wagen, wenn es das Gefühl hat, den damit verbundenen Gefahren gewachsen zu sein. Es ist wichtig, dass Sie seinen Vorbereitungen mit Geduld zuschauen, bis es das freie Gehen in seiner Zeit, seinem Tempo, nach seinen Bedürfnissen und Fähigkeiten anstrebt. Es wird sein ganzes Leben lang gehen, deshalb kommt es wirklich nicht darauf an, ob es mit zwölf oder mit fünfzehn Monaten damit beginnt. Ausschlaggebend ist, dass es harmonisch geht, und das bedeutet, dass es den Bewegungsablauf des Gehens ausgiebig und in Ruhe lernen durfte.

Lassen Sie es im wahrsten Sinne langsam angehen.

In der Übergangsphase zum freien Gehen kann die Fertigkeit, gefahrlos zu fallen und sich symmetrisch zu bewegen, leicht mithilfe einiger gezielter Übungen erworben werden. Versäumen Sie diese Hilfestellung jetzt, besteht die Gefahr, dass Ihr Kind Schwierigkeiten hat, seine Schutzreaktionen aufzubauen und damit die entsprechende Selbstsicherheit zu erwerben.

Erst wenn Ihr Baby sich im Stehen sicher fühlt, ist es bereit zu gehen. Die Ausbildung dieses Sicherheitsgefühls ist wichtig für sein Selbstvertrauen. Sie sollten daher Ihr Kind nicht zu früh an den Händen führen.

Darauf sollten Sie jetzt achten

- Benutzt Ihr Kind beim Krabbeln beide Beine und Arme? Achten Sie darauf, ob es zum und vom Sitzen über seine linke Seite so leicht dreht wie über seine rechte. Stellt es sich mal mithilfe seines rechten, mal seines linken Beins auf?

- Betrachten Sie seine Füßchen. Belastet es beim Stehen seine flach aufgestellten Fußsohlen beidseits oder steht es ständig auf seinen Fußspitzen? Stellt es sich nur kurzzeitig auf seine Zehen, um höher zu kommen, so ist das natürlich. Sie sollten sich jedoch an Ihren Kinderarzt wenden, wenn es ausschließlich auf seinen Zehenspitzen steht oder ständig nur ein Beinchen belastet.

- Dringend geboten ist das auch, wenn Sie feststellen sollten, dass Ihr Kind noch immer beim Fallen häufig auf seinen Hinterkopf oder sein Gesicht aufschlägt. Es könnte sich um eine leichte motorische Störung handeln, die in dieser Entwicklungsphase einfach zu beheben ist.

- Wenn Sie mit Ihrem Kind spielen, beobachten Sie, ob es zum Greifen, Werfen und Stützen beide Hände gebraucht. In dieser Altersstufe müssen seine Handfunktionen noch beidseitig gleich geschickt und ohne Bevorzugung einer Seite möglich sein. Rechts- oder Linkshänder wird das Kind erst später, wenn der Gebrauch seiner Hände noch feiner, noch differenzierter wird.

- Sollte Ihnen auffallen, dass Ihr Kind eine Hand tollpatschiger benutzt als die andere, versuchen sie, diese zu fördern, indem Sie ihm häufiger Spielzeug in die vernachlässigte Hand geben. Merken Sie dann keine Fortschritte, ist auch diese fehlende Beidhändigkeit ein Grund, ärztlichen Rat einzuholen. Auf keinen Fall sollten Sie seine geschicktere Hand festhalten oder zubinden.

- Manche Kinder benutzen erst ein Händchen, um sich damit sicher zu machen, und übertragen das Gelernte erst allmählich auf die zweite Seite. Diese kurzfristige Entwicklung einer Lieblingsseite ist völlig unbedenklich. Sie können beobachten, wie die andere Seite dazulernt und wie schnell die beiden Händchen sich im Zusammenspiel koordinieren.

Die Einseitigkeit seiner derzeitigen Bewegung könnte es in das entstehende Gehen, in sein Gangbild übernehmen. Das kann zur Grundlage für eine dauerhaft einseitige Bewegung und Haltung werden. Da der Bewegungs- und Belastungsreiz der Wachstumsfugen in seiner knöchernen Struktur unausgewogen wäre, kann es dann aufwändig und schwierig werden, die Folgen zu beheben. Jetzt besteht die Chance, die Weichen richtig zu stellen, damit sein weiteres Wachstum unter optimalen Bedingungen stattfinden kann.

Sinnvolle Zwischenstufe: Der Bärengang

In seiner Vorbereitung zum freien Gehen ist es möglich, dass Ihr Kind noch eine Zwischenstufe ausprobiert: den Bärengang. Dabei verlässt es die Krabbelstellung, es geht nun anstatt auf Knien und Händen, auf seinen Füßchen und Händchen. Wieder verlagert es seinen Schwerpunkt um ein gutes Stück nach oben. Gleichzeitig belastet es seine Handgelenke stärker – eine gute Vorübung für geschicktes, stabiles, sicheres Fallen.

Manche Kinder überspringen dieses Spiel. Manche beginnen damit erst, wenn sie schon frei gehen können, als wollten sie damit ihre Fähigkeit zu fallen noch vervollständigen. Ich erlebe auch Kinder, die es sehr genießen, mithilfe dieses Bärenstandes und -ganges die Welt aus einer ungewohnten Perspektive zu betrachten. Sie schauen durch ihre aufgestellten Beinchen und betrachten das Leben gleichsam auf dem Kopf stehend.

Der Bärengang bietet Sicherheit und neue Perspektiven.

Ich erinnere mich an die kleine Martina, die diese Perspektive derart genoss, dass sie alle dazu einlud, mit ihr damit zu spielen. Wenn es ihr gelungen war, aus dieser Haltung Blickkontakt aufzunehmen, hob sie ein Bein, verlor ihr Gleichgewicht und kugelte sich buchstäblich vor Vergnügen und Freude. Sie hatte sehr früh, ein bisschen forciert, das freie Gehen gelernt. Durch ihr Bärengang-Spiel wurde ihr Gangbild locker und harmonisch, ihr Fallen rund und geschickt. Sie hatte sich damit selbst therapiert!

Die Fähigkeit geschickt und problemlos zu fallen hat nachhaltige, grundlegende Auswirkungen auf das Selbstvertrauen und die Selbstsicherheit Ihres Kindes. Sie können das gut nachvollziehen, wenn Sie sich vorstellen, dass Sie gehen, schlendern und dabei die Bewegung, den Rhythmus Ihres Gehens genießen, oder wenn Sie sich ausmalen, wie Sie an einem Abgrund entlanggehen und dabei vermeiden zu fallen.

Beides mag von außen aussehen wie »gehen« – Sie spüren jedoch, dass sich die Qualität dieser beiden Gangarten völlig verschieden anfühlt. Genauso ergeht es Ihrem Baby, je nachdem, ob es sein Sicherheitsgefühl in Ruhe und nach seinen Bedürfnissen aufbauen und entwickeln durfte, oder ob es, gedrängt und forciert, zu früh und unvorbereitet auf seine Füßchen gestellt wurde. Bitte geben Sie ihm Zeit und ermutigen Sie es bei all seinen Spielen, die ihm einfallen, damit es seine Geschicklichkeit und Leichtigkeit vervollständigt.

Im Bärengang spielt das Kind mit seinen Schutzreaktionen und macht sich dadurch sicher und stabil. Manche Kinder überspringen diese Stufe auf dem Weg zum Laufenlernen.

Zusammenfassung

- Sorgen Sie dafür, dass Ihr Kind Stufen sicher rückwärts herunterkrabbeln lernt.
- Lassen Sie es wichtige Erfahrungen mit minderen Gefahrenquellen selbst machen, sichern Sie wirklich Gefährliches gut ab.
- Das Baby nutzt nun alle Möbelstücke, um sich an ihnen in die Höhe zu arbeiten, und trainiert seine Fallgeschicklichkeit. Der Bärengang bietet Sicherheit.
- Der Stand auf eigenen Füßen wird erreicht. Weiter geht es im Seitgang.
- Drängen Sie ihm keine Hilfe zum freien Gehen auf. Lassen Sie es den für ihn richtigen Zeitpunkt selbst bestimmen – es wird der in seiner individuellen Entwicklung optimale sein.
- Achten Sie auf eine ausgewogene Bewegungsentwicklung und unterstützen Sie eine eventuell vernachlässigte Hand oder ein Bein mit einfachen Übungen.

Freies Gehen
Das Kind wird »laufend« sicherer

Ihr Kind stellt sich nun immer sicherer an allen Möbeln und Wänden auf. Es hat gelernt, sein Gewicht von einem Bein auf das andere zu verlagern, um so seitwärts an einem Halt entlanggehen zu können. Wenn es zu schnell oder zu leichtsinnig wird und ins Wackeln kommt, fällt es nun schon ganz selbstverständlich und problemlos auf Po oder Hände, um sich dann sofort wieder aufzurichten.

Seine Handmotorik beherrscht es so gezielt, dass es Einzelheiten an seinen Spielsachen, die Augen vom Teddy, die Rädchen am Auto, isoliert anfassen, be-greifen kann. Genauso kann es bewusst loslassen und dosiert werfen, um sein Gefühl für Höhe und Tiefe zu präzisieren. Wie schon beschrieben, hat dieses Werfen weder etwas mit »Ungezogenheit« zu tun, noch damit, dass es seines Spielzeuges überdrüssig wäre. Es benutzt es lediglich immer wieder als Instrument, den Raum auszuloten, inzwischen nun in der dritten Dimension, der Senkrechten.

Mit dem so genannten Pinzettengriff kann Ihr Kind jetzt schon kleinste Einzelteile greifen.

Dazu verfolgt es die Flugbahn seines Klötzchens genau, um das richtige Augenmaß zu bekommen. Stundenlang kann es sich mit diesem Spiel beschäftigen, wenn Sie ihm dazu Gelegenheit geben. Um seiner Eindrücke ganz sicher zu werden, lässt es sein Klötzchen fallen, folgt ihm erst mit seinem Blick, dann mit dem ganzen Körper, indem es sich bückt, den Klotz aufhebt, sich aufrichtet, um das Spiel erneut zu beginnen. Beobachten Sie, wie eigenständig es die Erfahrungen sammelt, die es für seine jeweilige Entwicklungsstufe nötig hat.

Fortbildung in Fortbewegung

Sie erkennen leicht, dass ihm der freie, uneingeschränkte und doch gefahrlose Aufenthalt in der Wohnung am besten gerecht wird. Bei seinen Wanderungen von Raum zu Raum überwindet es größere

Entfernungen, die es, besonders wenn es in Eile ist, noch gerne krabbelnd zurücklegt. Diese Gangart benutzt es zunehmend dazu, seine Gleichgewichtsreaktionen zu verbessern. Statt auf Händen und Knien geht es auf Händen und Füßen.

Bei seinen wackligen Gehversuchen dreht sich Ihr Kind jetzt öfter frontal.

Wahre Kunststücke probiert Ihr Kleines jetzt aus; es hebt ein Beinchen ganz hoch oder es rollt seinen Kopf ein und betrachtet die Welt durch seine Beine oder vielleicht marschiert es mit seinen Füßchen immer näher zu seinen Händen, bis es endlich seitlich umkullert und sich daran freut. Die Sicherheit, die es dabei erwirbt, baut es sofort in seine Möglichkeiten beim Stehen und Gehen ein. Es begnügt sich nun nicht mehr damit, ausschließlich im Seitgang an der Wand entlang zu wackeln, sondern fängt an, sich frontal zu Ihnen oder zum nächstgelegenen Möbelstück zu wenden. Es kann die Gewissheit entbehren, jederzeit mit beiden Händen Halt zu finden, und schafft sich damit die Freiheit, sich in den Raum oder zum nächsten Stützpunkt zu wenden und Lücken zu überwinden, ohne zum Krabbeln zurückkehren zu müssen.

Viele Kinder machen sich außerdem den Kniegang zunutze, um sich vollends aufs freie aufrechte Gehen vorzubereiten. Auf den Knien kann Ihr kleiner Wanderer schon ohne Umwege sein Ziel ansteuern, baut aber gleichzeitig seine Gleichgewichtsreaktionen »von unten« auf. Den Körperschwerpunkt hat das Kind noch ziemlich tief, es ist also auch bei einem eventuellen Sturz näher am Boden, als wenn es auf seinen Füßchen ginge. Ab und zu lässt es sich mit Schwung auf seine Hände fallen und freut sich an deren Stabilität.

»Beide Hände reich ich dir …«

Jetzt können Sie damit anfangen, das Kind an seinen Händen zu führen. Es weiß inzwischen, wie es seine Beine und Füße vorwärts setzen muss. Reichen Sie ihm dazu Ihre beiden Hände. Achten Sie darauf, dass Sie sich tief genug beugen und zu ihm wenden, damit Sie nicht Gefahr laufen, es auf seine Zehenspitzen hochzuziehen. Erst wenn Sie schon einige Male mit ihm gegangen sind, sollten Sie versuchen, ihm nur eine Hand zu geben. Sie werden spüren, wie und wann es Ihnen signalisiert, dass es bereit ist, sich mit *einer* Absicherung zu begnügen.

Das Kind lernt auch beim freien Gehen »auf jeden Fall«.

Wechseln Sie ab, lassen Sie es mal an Ihrer rechten, mal an Ihrer linken Hand gehen, um seinen Gang symmetrisch zu fördern. Achten Sie bitte darauf, dass Sie dem kleinen Lernenden wirklich Ihre Hand reichen, anstatt ihn am Handgelenk zu packen. So schränken Sie seine Bewegungsfreiheit nicht ein und spüren seine Handsignale.

Sicher entdeckt Ihr Kind bald einen Wagen, einen Karton, einen Eimer oder Hocker, den es vorwärts schieben kann. Indem es auf diese Weise Fuß für Fuß vorwärts setzt, lernt es dem wegrollenden, weggleitenden, nachgebenden Halt zu folgen.

Die ersten freien Schritte riskiert Ihr Kind wahrscheinlich ganz zufällig. Mit einem Klötzchen in der Hand, an dem es sich »festhält«, marschiert es versehentlich los. Erst der Schreck über seinen Mut lässt es dann umfallen; und da es »erprobt« fällt, wird es bald den nächsten Anlauf zum freien Gehen unternehmen. Dabei wird es von Fall zu Fall mutiger und lernt, seiner Eigenständigkeit immer mehr zu vertrauen.

Ziehen Sie Ihr Kind nicht an den Handgelenken nach oben, damit es sicher die ganze Fußsohle aufsetzen kann.

Das Bedürfnis nach Eigenständigkeit war es, das Ihr Kind durch all die mühsamen Entwicklungsstufen geleitet und geführt hat, um ihm dann jedes Mal den Erfolg und die Freude einer neuen Dimension und Freiheit zu bescheren.

- Mit dem Drehen erreichte es eine Orts- und Lageveränderung, mit dem Robben eine zielgerichtete Fortbewegung.
- Beim Krabbeln begann es, Höhe zu gewinnen.
- Das Sitzen gab ihm die Fähigkeit, in der Aufrechten seine Händchen frei zu haben zum Spielen, Begreifen und Handeln.
- Der Kniegang und der Bärengang bescherten ihm den Weg zum Stehen und Seitgehen.
- Das alles schenkte ihm eine stetige Vergrößerung seines Gesichtsfeldes.
- Dazu kommt nun beim vorwärts Gehen, dass es sein Ziel auf dem direkten, schnellsten Weg ansteuern kann und dabei noch seine Hände frei hat. Das ist ihm wichtig, denn immer häufiger hat es das Bedürfnis, seine Spielsachen mitzunehmen, zu transportieren.

Eigenständigkeit, Verbote und Trotzreaktionen

Diese neue Freiheit, die es Ihrem Kind erlaubt, ein erstrebenswertes Ziel auszuwählen und ohne Umwege aufzusuchen, wirkt sich natürlich auch auf seine psychische Haltung und sozialen Ausdrucksformen aus. Es spürt den Zuwachs an Eigenständigkeit und beginnt auszuprobieren, wie weit es seine Vorstellungen und Wünsche – auch gegen die der Eltern – durchsetzen kann.

Stößt das aufstrebende Wesen an Grenzen, setzt es all seine »Waffen« ein, um seinen Willen durchzusetzen. Vielleicht hat es die Erfahrung gemacht, dass Sie nachgeben, wenn es von seiner Stimme in voller Lautstärke Gebrauch macht. Oder es hat erfahren, dass Sie sich ihm aufmerksam zuwenden, wenn es sich zurückzieht und trotzt. Wie Sie sich auch verhalten, jetzt ist die Zeit, in der es genau herausfindet, wo Sie ihm ein ernst zu nehmendes Verbot entgegensetzen und welches halbherzige »Nein« aufzuweichen oder zu umgehen ist.

In all den Zeiten stetiger und manchmal auch stürmischer Entwicklung hat Ihr Kind nicht nur körperliche Beweglichkeit erworben, nicht nur die äußeren Räume erforscht. So groß seine Fortschritte mit all den sichtbaren, leicht wahrnehmbaren Fähigkeiten auch geworden sind – Ihr Kind hat mit der gleichen Stetigkeit gelernt, Sie zu beobachten, Ihre Verhaltensweisen einzuschätzen, die Grenzen und Dimensionen Ihrer »inneren Landschaft« auszuloten.

Machen Sie sich klar, wie notwendig und folgerichtig dieses Verhalten zu seiner motorischen Selbständigkeit gehört, damit Sie flexibel und doch konsequent darauf reagieren können. Jetzt haben Sie Gelegenheit, sich Ihr eigenes Verhalten bewusst zu machen und herauszufinden, welche Ihrer Ver- oder Gebote tatsächlich lebenswichtig und für die Sicherheit und das Wohlbefinden Ihres Sprösslings notwendig sind – und welche anderen Sie bei näherer Betrachtung als überflüssig aufheben können. Wenn Sie abwägen, ob ein Verbot sinnvoll ist, sollten Sie davon ausgehen, dass es einige Gefahrenpunkte gibt, vor denen Sie Ihr Kind unbedingt schützen müssen.

Es gibt jedoch auch viele Erlebnis- und Erfahrungsmöglichkeiten, die Sie ihm ohne ängstliche Besorgnis ruhig zugänglich machen können. So, wie es im Umgang mit Höhe Reaktionen fand, die es beim Fallen schützen, so braucht es jetzt die Auseinandersetzung mit allem, was es in seiner Umgebung wahrnimmt. Es macht alle Sachen zu Spiel-Sachen, indem es lernt, ihre Beschaffenheit, ihre Gefahren und

Auf den Knien kann das Kind, relativ hoch aufgerichtet und mit zwei freien Händen, direkt auf ein Ziel zusteuern. Dabei fühlt es sich zugleich sicher und stabil – innen wie außen.

ihren Gebrauch zu entdecken. Es besteht deswegen so nachdrücklich darauf, diese Erfahrungen gewinnen zu können, weil es sie für sein Bild der Welt und des Lebens braucht. Wie anders könnte es in seiner Umwelt – auch der emotionalen – leben, ohne dort dauernd anzuecken? Betrachten Sie die Trotzreaktionen Ihres Kindes – ungeachtet weiterer psychischer Gründe, die wir hier nicht erörtern – auch einmal unter diesem Aspekt, dann kann auch diese Auseinandersetzung zum Dialog geraten.

Sie kennen die Verunsicherung und Zerrissenheit, mit der umwälzende Entwicklungsschritte einhergehen können, aus der Phase des Fremdelns. Jetzt ist Ihr Kind im Konflikt zwischen seinem Bedürfnis, die Welt zu erobern, zu entdecken, seine Eigenständigkeit zu erproben einerseits und dem Bedürfnis, es Ihnen recht zu machen, Ihre Nähe zu spüren, Ihrer Zustimmung sicher zu sein andererseits. Ein Konflikt, den es mit allen Mitteln seines emotionalen Repertoires versucht zu entschärfen, zu ertragen, zu überleben!

Dazu erprobt es nun auch die Möglichkeit des Trotzens, des Rückzuges und des offenen Konfliktes mit Ihnen. Wie bei allen anderen Entwicklungsschritten, die Sie aufmerksam und liebevoll begleitet haben, ist es hilfreich, sich in die Lage Ihres Kindes einzufühlen und zu versetzen.

Es erlebt gerade, dass es eigene Schritte tun, eigene Wege gehen kann. Die Bezugsperson, die bis jetzt übermächtig und allwissend schien, tritt etwas in den Hintergrund. Ihm scheint, dass es die Welt ganz gut im Alleingang erobern könnte. Dennoch ist in ihm eine »innere Nabelschnur«, die es veranlasst, sich immer wieder Ihrer Zustimmung, Ihrer Billigung, Ihrer Liebe zu versichern.

Die Stabilität und Bedingungslosigkeit Ihrer Liebe zu ihm versucht Ihr Kind nun auszuloten, zu prüfen, zu hinterfragen. Dabei muss es die schwierige Differenzierung lernen, dass Ihr »Nein« einfach Ihr »Nein« zu einer bestimmten Situation meint, nicht das »Nein« zu seiner Person. Diese Differenzierung ist nicht nur für Ihr Baby schwierig. Wenn wir ehrlich sind, glückt sie auch uns Erwachsenen nicht immer leicht und selbstverständlich!

Vor diesem Hintergrund fällt es Ihnen vielleicht etwas leichter, die Machtspiele Ihres kleinen, doch ernst zu nehmenden Partners aus der Weitsicht und gleichzeitig Solidarität Ihrer Erwachsenenpersönlichkeit zu betrachten. So können Sie vermeiden, dass aus den *Machtspie-*

len, die Ihnen Ihr Kind anbietet, *Machtkämpfe* werden, bei denen Sie beide unnötige Verletzungen und Wunden davontragen.

Lassen Sie aus Machtspielen keine Machtkämpfe werden.

Damit meine ich nicht, dass Sie die Konflikte und Reibungen dieser Trotzphase mit Harmonie und Scheinfrieden übertünchen oder vermeiden sollten. Meine Erfahrung hat mir vielmehr gezeigt, dass derartige Konflikte leichter und gedeihlicher ausgetragen werden können, wenn wir bereit sind, den Partner – und das ist Ihr Kind – mit seinem Anliegen zu sehen und zu respektieren und gleichzeitig unser eigenes Anliegen sehr klar zu erkennen und zu vertreten.

Schwierig werden solche Konflikte, wenn wir beginnen zu mischen. Wenn wir dem Kind unterstellen, es würde uns absichtlich ärgern wollen oder es würde z.B. genauso stur wie die (verhasste) Tante, nur weil sein Verhalten im Moment in seiner Trotzphase dem ihren ähnelt. Damit und mit dem Versuch, dem Kind diese Veranlagung rechtzeitig auszutreiben, werden Sie weder dem Kind noch der Situation gerecht. Vielmehr ist es gerade jetzt hilfreich und notwendig, Ihr Kind als eigenständige Persönlichkeit zu respektieren, die nicht weniger liebenswert ist, nur weil sie es im Moment schwer mit sich hat und eine Zeit des inneren Unfriedens erlebt.

Das Trotzalter ist eine schwierige Phase für Eltern und Kind – und doch ist sie notwendig und wichtig.

So helfen Sie sich und Ihrem Kind in diesem Konflikt

Vermeiden Sie es, in dieser Zeit Ihr Kind für eine längere Zeit wegzugeben oder große Reisen mit ihm zu unternehmen. Versuchen Sie stattdessen, ihm mit Zuwendung und Zärtlichkeit behilflich zu sein, damit es seinen Konflikt zwischen seinem Selbständigkeitsstreben und seinem Bedürfnis nach Geborgenheit überwinden und befrieden kann.

Je sicherer sich Ihr Kind in Ihrer Zuneigung aufgehoben weiß, desto stärker wird sein Impuls, sich Neuem zu widmen, und desto geringer seine Skepsis. Die Neugier siegt über die Angst. Es erlebt und erfährt, dass seine Eigenständigkeit nicht Ihre Grundstimmung von Vertrauen und Einverständnis gefährden muss. Das »Entweder-Oder« kann sich in ein integrierendes »Sowohl-als-Auch« wandeln. Sein Konflikt ist oder war, dass es fürchtete, *entweder* seine Eigenständigkeit und Unternehmungslust leben zu können, *oder* sich Ihrer Liebe sicher fühlen zu dürfen. Die Art, wie Sie mit seiner inneren Verunsicherung umgehen, ermöglicht ihm zu spüren, dass es Unabhängigkeit *und* die Geborgenheit in Ihrer Liebe vereinigen kann. Und auch, dass ein Verbot oder Interessenskonflikt nicht grundsätzlich das Gefühl der Zusammengehörigkeit gefährden muss.

Kommen wir zu den körperlichen Fortschritten Ihres Kindes zurück: Allmählich lernt es, sich frei aufzurichten, es muss sich also nicht mehr an der Wand oder an einem Möbelstück festhalten, um auf die Füßchen, in seinen Stand zu kommen.

Nun macht es die Entdeckung, dass es beispielsweise ein Wägelchen an einer Schnur ziehen kann. Die Fertigkeit, ein paar Schritte im Rückwärtsgang zu gehen, genügt ihm, um zu erkennen, dass ihm das Wägelchen folgt, obwohl es doch eigentlich nur die Schnur bewegt. Das ist ein Zusammenhang, den es immer wieder herstellen muss, um ihn fassen zu können. Dieser beginnende Werkzeuggebrauch beschert ihm die Erfahrung, dass es eine Sache, die nicht zu seinem Körper gehört, die außerhalb seiner selbst existiert, nach seiner Vorstellung und seinem Willen bestimmen und bewegen kann. Es muss Gegenstände noch nicht einmal direkt berühren, es reicht, seinen Impuls der Schnur mitzuteilen, damit diese ihn auf das Wägelchen überträgt. Eine faszinierende Entdeckung, die ihm immer weitere Türen zu neuen Dimensionen eröffnet!

Nur ein weiterer Schritt in der Entwicklung

Beim Beobachten der fortschreitenden Entwicklung sehen Sie, dass Ihr Kind einen weiten, mühevollen Weg hinter sich gebracht hat, bis es nun frei gehen kann. An der Aufeinanderfolge der einzelnen Schritte konnten Sie erkennen, wie Ihr Kind lernt: Es benützt die Erfahrungen der Vorstufe zur Eroberung der nächsten Stufe. Auch mit seiner jetzigen Stufe hat Ihr Kind nur eine Etappe auf der lebenslangen Wanderung des Lernens und Erfahrens zurückgelegt. Das heißt auch, dass Sie gerade am Anfang dieses gemeinsamen Weges sind, eines Weges, der voller Überraschungen, Entdeckungen und Entwicklungen mit immer neuen Herausforderungen auf Sie und Ihr Kind wartet.

Häufig enden Ratgeber für Eltern mit einer Art Happy End: Diese Etappe ist geschafft, damit ist alles gut gelaufen und – Ende. Die »schlechte« Botschaft dazu lautet aus meiner Sicht: Die Beziehung zwischen Ihnen und Ihrem Kind geht weiter. Sie braucht Ihre Bereitschaft, sich immer wieder und aktuell mit Ihrem Kind auseinander zu setzen, mit ihm zu wachsen und zu reifen. Eine Beziehung, die, wie jede Beziehung, Wandlungen und ein breites Spektrum von Erlebnissen bereit hält. Die »gute« Botschaft ist, dass Sie beide statt an einem Happy End an einem beglückenden Neubeginn stehen ... Schon spielt Ihr Kind damit, die Erfahrung des Gehens beim Treppensteigen zu nutzen, seinen Gang einfacher und schmalspuriger zu machen ...

Das weitere Lernen speist sich immer aus denselben Quellen: Seine Sinnesorgane nehmen etwas wahr, in immer größerer Entfernung oder feinerer Deutlichkeit, es unterscheidet differenzierter oder genauer, ein Bedürfnis entsteht, der Körper, die Motorik versucht unter Einbeziehung aller Erfahrung die Bewegung zu entwickeln, die nötig ist, das Bedürfnis zu befriedigen. Diese Bewegung muss immer auch den Sicherheitsansprüchen des Körpers, der Gesamtpersönlichkeit entsprechen.

Eine neue Körperbewegung entspringt immer einem neuen Bedürfnis.

Das bedeutet, das Fortschreiten in der Bewegungsentwicklung lässt sich nur mit so viel Neuem und Unbekanntem vereinbaren, wie es jederzeit und ohne Gefahr zur nächstsicheren, tieferen Lage zurückgeführt werden kann. Vorwärts- und Aufwärtsentwicklung muss immer im Gleichgewicht bleiben mit den notwendigen Schutzmechanismen. Je sicherer, perfekter die Bewegung wird, desto kleiner, schneller und damit ökonomischer kann sie werden.

Zusammenfassung

- Ihr Kind wendet sich jetzt frontal zum nächsten Halt und beginnt so, vorwärts zu gehen.
- Mit allen Mitteln – Hocker, Eimer – macht es sich sicher.
- Es lässt sich an den Händen führen. Achten Sie darauf, es nicht nach oben auf die Zehenspitzen zu ziehen.
- Die ersten freien Schritte im aufrechten Gang geschehen.
- Die Auseinandersetzung mit dem äußeren Raum bringt auch die mit den »inneren Landschaften« – in der Trotzphase erlebt es den Konflikt zwischen seiner Entdeckungsfreude und seinem Bedürfnis nach Geborgenheit.
- Ihr Kind braucht die Sicherheit, dass ein »Nein« sein Verhalten oder eine bestimmte Situation meint, nicht seine Person.

Sinnvolle
Spielmöglichkeiten

Nach den Beobachtungen und Überlegungen der vorausgegangenen Kapitel kennen Sie Ihr Kind so gut, dass Sie selbst beurteilen können, welche Spielmöglichkeiten es in den einzelnen Entwicklungsphasen braucht und welche es entbehren kann.

Den Spiel-Raum vorbereiten

Zunächst ist viel Raum zur Entwicklung und Entfaltung für das Baby das Allerwichtigste. Sie tun gut daran, es auf den Fußboden zu legen, sobald es wach ist und nicht gerade gebadet, gefüttert oder gewickelt wird. In der Verantwortung der Eltern liegt es, ihm seine Umwelt, seine Umgebung ungefährlich und freundlich zu gestalten. Anfangs genügt dem Kind die Fläche der Wolldecke, um seine Drehbewegung zu entwickeln und mit ihr zu spielen. Sobald es sich vom Bauch auf den Rücken und wieder zurück drehen kann, sollten Sie den Raum, in dem Sie sich zusammen mit dem Kind am häufigsten aufhalten, tatsächlich zum Spiel-Raum machen.

Wichtige Lernerfahrungen sollten Sie Ihrem Kind nicht vorenthalten.

Mögliche Gefahrenquellen spüren Sie am einfachsten auf, wenn Sie selber durch das Zimmer robben. Steckdosen gehören verschlossen, lose Kabel müssen verschwinden, unstabile Möbel wandern in den Keller, Topfpflanzen kommen in ein anderes Zimmer, Tische bleiben etwa für ein bis zwei Jahre ohne Decken, Aschenbecher werden weggeräumt, alles muss jetzt sicher und kindgerecht werden. Sie sollten auch daran denken, dass das Kind sehr bald der Mutter mit großer Freude in die Küche oder ins Bad nachrobben wird. Daher brauchen Putz- und Reinigungsmittel, aber auch Medikamente und jede Art von Chemikalien einen Platz, an den das Kind mit absoluter Sicherheit nicht herankommt. Wände und Möbelkanten kann man nicht polstern, das ist auch nicht nötig. Das Kind braucht sie, weil es lernen muss, sich geschickt und vorsichtig zu bewegen – ohne anzustoßen. Genauso muss es Erfahrungen mit Schubläden und Türen sammeln, obwohl es seine Fingerchen einklemmen könnte. Wenn Sie Ihrem Kind ermöglichen, mit Gefahren umzugehen, lernt es, sie zu meistern oder sich davor zu schützen.

Dadurch, dass Sie erkennbare Gefahrenquellen beseitigen, schaffen Sie Ihrem Kind einen Raum, in dem es sich frei bewegen und entfalten kann. Gleichzeitig tun Sie auch sich selbst etwas Gutes, weil Sie Ihr Kind in Sicherheit wissen, wenn Sie es kurzzeitig aus den Augen lassen. Eine kleine Beule, ein blauer Fleck hinterlassen keinen bleibenden Schaden. Das ist der Tribut an die stürmische Entwicklung dieser Lebensphase. Das Kind braucht die Erfahrung, dass der Fußboden, die Wände, die Möbel hart und »unausweichlich« sind.

Dagegen kann kein Kind aus folgender Situation etwas lernen: Beim Griff nach einem herabhängenden Tischtuch reckt und streckt es sich, bis es endlich einen Zipfel zu fassen bekommt. Bevor es sich jedoch über seinen Erfolg freuen kann, saust ihm etwas Hartes auf den Rücken und heiße Flüssigkeit brennt auf der Haut. Das sollten Sie dem Kleinen ersparen, denn aus diesem Schrecken kann es keine Schlüsse ziehen; es wird am nächsten Tag wieder nach dem Tischtuch greifen.

Zur Umwelt des Kindes, die von ihm grundsätzlich als sein Spielbereich betrachtet wird, gehört auch die Treppe. Lassen Sie sich nicht erschrecken, wenn es sich anfangs mit abenteuerlicher Unbefangenheit in ihrer Nähe bewegt. Wie schon erwähnt, ist es am besten, Sie zeigen dem Kleinen auf der untersten Treppenstufe, wie es im Rückwärtsgang absteigen kann (siehe Seite 63f.). Hat es einmal gelernt, rückwärts eine Stufe tiefer zu kommen, gewinnt es daraus Sicherheit in seinem Umgang mit Höhe. Stufen und Stühle, die es in seinem Drang nach oben erklommen hat, verlieren so ihre Schrecken. Beim Versuch nach vorne abzusteigen wird es jedoch unweigerlich zu einem überschlagenden Sturz kommen. Die Stützfunktion seiner Ärmchen ist dieser großen Belastung noch nicht gewachsen. Beziehen Sie die Treppe schon früh in die Erlebniswelt des Kindes ein, denn Klettern erweitert seinen Handlungsradius, schult sein Gefühl für Höhe und Tiefe und fördert somit die wachsende Selbständigkeit.

85

Spielsachen und der beste Umgang damit

Solange ein Kind auf Bauch oder Rücken liegt, gefallen ihm ein Ring, der mit rasselndem Material gefüllt ist. Bald entdeckt es, dass es mit seiner Handbewegung ein Geräusch erzeugen und beeinflussen kann. Es wird ausgiebig davon Gebrauch machen.

Ihr Baby will immer neue taktile Erfahrungen machen.

Um Ihrem kleinen Forscher viele verschiedene Arten und Anregungen für die Sensibilität seiner Händchen und für sein Fingerspitzengefühl zu geben, wird ihm ein handliches Kuscheltier die Erfahrung einer völlig anderen Greifqualität bescheren. Aber lassen Sie Ihr Kind auch mit Gebrauchsgegenständen umgehen. Geben Sie ihm zum Beispiel eine leere Cremedose oder einen Löffel. Sobald es eine Sache mit Augen, Mund und Händen erfahren und begriffen hat, brennt es darauf, Neues kennen zu lernen. Ein Erlebnis bedeutet z.B. eine Zeitung, mit der es rascheln, reißen und fetzen kann. Sobald Kinder anfangen, sich fortzubewegen, finden sie großen Gefallen am Rollen eines Balles. Bekommen sie dazu auch noch einen Apfel in die Hand, werden beide Kugeln aufmerksam miteinander verglichen.

Das vielfältige Spiel mit den einfachsten Dingen ist immer wieder Anlass zu neuer Faszination. Ganz simple Holzklötzchen erregen schon Aufmerksamkeit, sobald das Kind zu greifen anfängt. Sie bleiben über die Zeit hinaus, in der es mit ihnen das Werfen übt, ergiebig. Später nämlich wird es probieren, aus ihnen etwas zu bauen, indem es Klotz für Klotz aufeinander setzt. Sobald es dazu fähig ist, benutzt es seine verbesserte Handmotorik, seinen Pinzettengriff, auch um in der Zeitung zu blättern. Das Papier wird nun nicht mehr bloß zerfetzt.

Alltagsgegenstände faszinieren das Kind oft mehr als teures Spielzeug.

Insgesamt sind es meist unscheinbare Dinge, die für Ihr Kind hohen Spiel- und Lernwert haben. Und sie haben den Vorteil, überall zur Hand zu sein. So kann ein Kind sich konzentriert mit Wäscheklammern beschäftigen oder mit einem (unzerbrechlichen) Becher die Erfahrung von Höhlung sammeln, während gängiges Kinderspielzeug meist unbeachtet in der Ecke liegt. Es kommt also nicht darauf an, teure und aufwändige Sachen anzuschaffen, sondern darauf, dem Kind die Möglichkeit zu bieten, mit alltäglichen Dingen umzugehen, Erfahrungen zu sammeln. Dazu kommt sein Bedürfnis nachzuahmen, denn es will Ihre Handgriffe und Tätigkeiten nachvollziehen.

Schauen Sie Ihrem Kind bei seinen Beschäftigungen und Spielen einfach zu und greifen Sie möglichst wenig ein. Es wird und muss die Lösung seiner kleinen Probleme selbst finden. Im Spiel lernt es die

Mit einem Stück
Stoff kann man
»Kuckuck« spielen,
man kann vielleicht
hindurchsehen, es
wärmt und fühlt sich
weich an ... Alltags-
gegenstände ermög-
lichen Babys oft
die spannendsten
Lernerfahrungen.

Fähigkeit zu Konzentration und Ausdauer. Wenn es Ihrem Kind gefällt, mit Ihnen zu spielen, kann es diesen Wunsch schon recht gut mitteilen. Das beginnt in der Regel schon damit, dass es sich freut, wenn Sie ihm zuschauen, es bewundern oder ermutigen.

Es greift und knubbelt zum Beispiel eine Mullwindel und leckt sie ab. Plötzlich verdeckt es damit seine Augen und sein Gesichtchen. Gleich findet es heraus, dass es sich wieder mit seinen Händchen davon befreien kann. Immer wieder wird es diesen Vorgang ausprobieren. Im Krabbelalter beginnt Ihr Kind, am Versteckspiel Spaß zu bekommen. Spürt das Kleine, dass Sie es beobachten, werden Sie unversehens zum Mitspielen eingeladen. Das »Kuckuck-Spiel« ist erfunden und verliert so schnell nicht mehr seine Faszination!

Für die weitere Entwicklung Ihres Kindes ist es förderlich, wenn Sie ihm ein Ziehtierchen oder ein Wägelchen mit einer Schnur bereithalten, sobald es anfängt, frei zu gehen. Es wird Freude daran haben, dass es das Ding bewegen (beeinflussen) kann, indem es nur an der Schnur zieht.

Später können Sie ihm Entdeckungsmöglichkeiten eröffnen mit einem Plastikbecher, damit es Knöpfe oder Erbsen hineinfallen lassen kann. Auch ein Korb oder Karton können ungeahnte Spiel- und Entdeckungsmöglichkeiten bieten: zum Reinklettern genauso wie zum »Einräumen« größerer Spielsachen und dann auch noch die Erfahrung, dass es ihm gelingt, solch große Teile durch den Raum zu schieben. Es versteht allerdings noch nicht, dass es gezielt aufräumen soll, spielt es doch einfach mit dem Begreifen von innen und außen.

Beim Schwimmen ganz in seinem Element

Eine spezielle Möglichkeit, Ihrem Kind weit reichende Erfahrungen und Erlebnismöglichkeiten zu eröffnen, besteht darin, mit ihm zum Schwimmen zu gehen. Dazu ist nicht unbedingt ein teurer, aufwändiger Babyschwimmkurs nötig. Erkundigen Sie sich im nächsten Hallenbad, wann Warmbadetag ist und unter welchen Bedingungen Sie Ihren kleinen Sportler mitbringen können. Am Warmbadetag ist die Wassertemperatur mit 32 bis 34°C angenehm und wohlig für Ihr Kind. Besorgen Sie ihm Schwimmflügelchen für seine Ärmchen – und dann kann der Spaß beginnen!

Schwimmflügel sind geeigneter als ein Schwimmring oder -gürtel, weil sie zuverlässig den Kopf und Oberkörper Ihres »Aquonauten« über Wasser halten, während Ring oder Gürtel eher verrutschen können. Beim Baden kann Ihnen Ihr Kind, nass und glitschig, leicht entgleiten. Mit seinen Schwimmflügelchen wissen Sie es immer sicher.

Sollten Sie Bedenken haben, ob Sie und Ihr Kind sich dem Schwimmen gewachsen fühlen, machen Sie doch einen Probeschwumm in der Badewanne. Füllen Sie Ihre Badewanne mit ca. 34 °C warmem Wasser. Lassen Sie Ihr Kind, mit den Schwimmflügeln gesichert, darin paddeln. Sie werden überrascht sein, wie fröhlich und unbefangen es sich in »seinem Element« fühlt und bewegt. Nach einigen Abenteuern in der Badewanne können Sie mit Ihrem kleinen Schwimmer den Gang ins Hallenbad antreten. Achten Sie sorgfältig auf Ermüdungszeichen! Vor lauter Begeisterung könnten Sie ihn leicht überfordern. Nehmen Sie ihn dann – auch gegen seinen Protest – aus dem Wasser, trocknen ihn gut ab und lassen ihn ausruhen.

In der Badewanne können Sie vorher ausprobieren, wie viel Freude Ihr Baby am Schwimmen hat.

Der Aufenthalt im warmen Wasser ist ihm von der Zeit, die er im Mutterleib verbrachte, noch angenehm vertraut, deshalb können Sie schon sehr bald nach seiner Ankunft auf der kalten, rauen Erde mit ihm schwimmen gehen. Natürlich lernt Ihr Baby jetzt noch nicht wirklich Brust- oder Rückenschwimmen. Doch der Umgang mit dem nassen Element ist ihm so selbstverständlich, dass es ganz leicht Bewegungen entwickelt, die ihm helfen, sich über Wasser zu halten. Beginnt man mit dieser Wassergewöhnung erst im Alter von drei oder vier Jahren, haben Kinder oft schon erschreckende Erfahrungen mit (meist kaltem) Wasser gemacht oder die Angst gespürt, dass sie ertrinken könnten. Je früher Sie Ihrem Kind die Möglichkeit zu planschen geben, desto unbelasteter und angstfreier kann es sich vom Wasser tragen lassen.

Babys planschen gerne und geschickt in warmem Wasser.

Beginnen Sie im Nichtschwimmerbecken. Halten Sie Ihr Baby unter seinen Achseln, damit sein Gesichtchen sicher über dem Wasser bleibt, und sprechen Sie mit ihm. Gewöhnen Sie es vorsichtig an dieses andere Element. Dann legen Sie es über Ihre Hände und Unterarme wie zum Brustschwimmen. Bleiben Sie beim ersten Mal nicht länger als zehn Minuten im Wasser und steigern Sie diese Zeit bei jedem Besuch um höchstens eine bis zwei Minuten. Gerade weil es so viel Spaß am Schwimmen hat, sollten Sie vermeiden, dass es sich dabei überanstrengt und erschöpft.

Der Bewegungsraum erweitert sich

Indem Sie Ihr Kind aufmerksam beobachten und begleiten, erwerben Sie sich die Sicherheit und Vertrautheit, die Sie brauchen, um der Aufforderung unseres Mottos gerecht zu werden: »Hilf mir, es selbst zu tun!« So fällt es Ihnen sicher leicht, Ihrem Kind all die Spielmöglichkeiten zur Verfügung zu stellen, die es geschickter und flinker, selbständiger und sicherer werden lassen.

Allmählich genügt ihm nicht mehr die Vertrautheit und auch Enge der Wohnung für seine Entdeckungen. Zunehmend verlagert es seinen Spielraum nach draußen, es nimmt Kontakt auf zu Außenstehenden und Fremden. Dafür ein paar Beispiele:

Ein **Dreirad** gibt ihm die Erfahrung, dass es Hindernisse durch Lenken umfahren kann. Viele Kinder benützen zuerst einmal die Gehbewegung, wenn sie sich mit dem Dreirad vertraut machen. Erst allmählich gelingt ihnen die schwierige Koordination, mit den Händchen zu lenken und gleichzeitig mit den Füßchen die Pedale zu treten. Diese gegenläufige Bewegung der Beine erfordert wieder eine neue Art der schon bekannten Gewichtsverlagerung.

Später wird es diesen Bewegungsablauf brauchen, um **Fahrrad** zu fahren. Dazu muss es dann außerdem sein Gleichgewicht auf zwei Rädern halten.

Rodeln erfordert, dass es sein Tempo und seine Fahrtrichtung mit seinen Füßen und Beinen reguliert.

Wenn es auf **Stelzen** geht, vergrößert es sein Gesichtsfeld und es braucht eine andere, feinere Geschicklichkeit, sich auf den briefmarkengroßen Punkten im Gleichgewicht zu halten.

Beim **Rollschuhlaufen** lernt es, sich gleitend fortzubewegen, eine Fertigkeit, die es beim **Schlittschuhlaufen** noch verfeinert, weil hier wiederum die Balance auf schmalen Kufen gefragt ist. – Und damit ist es hervorragend aufs **Skilaufen** vorbereitet.

> Die Erfahrung und das Erleben einer Bewegung begünstigt immer die Entwicklung der nächsten. Mit jeder Tür, die Sie Ihrem Kind zu einer neuen Möglichkeit und Fertigkeit öffnen, helfen Sie ihm, alle seine Fähigkeiten zu nutzen. Denn jede Verbesserung seiner Bewegung bereichert seine emotionale, psychische, sinnliche, soziale und geistige Entwicklung.

Arztbesuche und Therapien

Da Sie Ihr Kind aufmerksam und liebevoll beobachtet haben und es entsprechend gut kennen, können Sie viel dazu beitragen, dass der Arzt Ihres Vertrauens einen umfassenden Eindruck von seinem Entwicklungsverlauf gewinnt. Es ist möglich, dass es, fremdelnd oder durch den Praxisbetrieb irritiert, längst nicht alles zeigt, was es in der vertrauten Umgebung zu Hause mühelos und selbstverständlich tut. Lassen Sie sich davon nicht aus der Ruhe bringen, sondern beschreiben Sie einfach, wie und was es unter entspannten Bedingungen kann und was Sie beobachtet haben.

Es kann sein, dass ihm das Ausziehen und Untersuchtwerden zu schnell oder zu geschäftig geht, oder auch, dass es so viel Spannendes und Interessantes zu sehen gibt, dass es erst mal gründlich die ganze Situation betrachten will, bevor es bereit ist, selbst aktiv zu werden. Deshalb braucht es Ihre Unterstützung als Dolmetscher. Gleichzeitig können Sie die Gelegenheit nutzen, Ihre Fragen, Bedenken und Beobachtungen anzubringen.

Beobachten Sie Ihr Kind in den Wochen und Tagen vor dem Arztbesuch in verschiedenen Situationen. Wenn es dabei ist, eine Bewegung neu zu lernen, kann es sein, dass es sich zunächst mit einer Seite sicher macht, um dann allmählich die zweite mit einzubeziehen.

Manche Kinder haben ganz ausgeprägt eine Pionierseite, das heißt, sie lernen und praktizieren zum Beispiel den Pinzettengriff mit einem Händchen ausgiebig und bis sie ihn geschickt können. Erst dann beginnen sie allmählich, die zweite Hand mitzubenutzen. Diese vorübergehende Einseitigkeit ist unbedenklich. Falls sie bestehen bleibt, sollten Sie Ihren Arzt informieren. Genauso ist es mit dem Aufrichten. Es ist möglich, dass Ihr Kind erst einmal mit einem Beinchen übt, um dann, wenn es sich mit dem sicher fühlt, auch das andere einzusetzen.

Kurzfristige Einseitigkeiten sind kein Grund zur Sorge.

Längerfristige Einseitigkeiten sollten sich jedoch nicht als Gewohnheit »einschleifen«. Das können Sie leicht dadurch verhindern, indem Sie das Baby locken, mit der vernachlässigten Seite zu agieren. Manchmal »vergessen« Kinder eine Hand oder ein Beinchen einfach für eine Weile.

Beidseitigkeit in der Körperentwicklung

Sie sollten Ihren Arzt informieren, wenn Ihr Kind eine Körperseite über längere Zeit deutlich bevorzugt.

- Benutzt es zum Beispiel immer nur das gleiche Händchen zum Greifen, Spielen oder Werfen?
- Dreht es sich ausschließlich über eine Seite?
- Setzt es beim Robben immer das gleiche Bein ein und zieht das andere nur nach?
- Wenn es sich zum Sitzen (dem aktiven!) wendet, macht es diese Bewegung je nach Bedarf mal zur einen, mal zur anderen Seite?
- Strampelt es mit beiden Beinchen?
- Wenn es sich von der Rücken- zur Bauchlage dreht, rundet es seinen Rücken und landet dann auf seinen Unterarmen – oder schlägt es immer wieder auf seinem Gesichtchen auf?
- Was haben Sie auf dem Rückweg beobachtet, wenn es von seiner Bauchlage zur Rückenlage rollt? Kullert es rund und mit eingezogenem Köpfchen – oder prallt es jedes Mal mit seinem Hinterkopf auf dem Boden auf?
- Wenn es beginnt, sich aufzurichten, stemmt es sich mal mit dem einen, mal mit dem anderen Beinchen in den Stand?
- Wie fällt es? Landet es auf seinem Po oder auf seinen Händen? Oder unsanft auf seinem Hinterkopf oder seinem Gesichtchen?
- Fällt es locker und beugt dabei seine Knie? Oder fällt es mit gestrecktem Körper – »längelangs«?
- Wie stellt es seine Füßchen auf? Steht es auf seinen ganzen Fußsohlen oder steht es ständig auf seinen Zehenspitzen?
- Sind seine beiden Händchen gleich geschickt oder ist eines über eine längere Zeit tollpatschiger, eckiger im Greifen und Bewegen?

In dieser Altersstufe entwickeln Kinder auch ihre Handfunktionen beidseitig. Rechts- oder Linkshändigkeit manifestiert sich erst im dritten oder vierten Lebensjahr, wenn die Fertigkeiten noch feiner und differenzierter werden. Deshalb ist es wichtig, jetzt eventuelle länger dauernde Einseitigkeiten zu beachten und notfalls zu behandeln. Therapiemöglichkeiten finden Sie ab Seite 94 beschrieben.

Die Beidseitigkeit in dieser Entwicklungszeit ist deshalb so wichtig, weil der Reiz der Bewegung und Belastung die Wachstumszonen in den Knochen anregt und aktiviert. Bei lang dauernder Einseitigkeit besteht die Gefahr, dass der asymmetrische Reiz auch ein einseitiges Knochenwachstum provoziert.

Schutzmechanismen und Gehhilfen

Bei Ihren Beobachtungen zum geschickten Fallen und den Schutzmechanismen Ihres Kindes sollten Sie wissen, dass es auch da jeweils in der Anfangszeit einer neuen Entwicklungstufe möglich ist, dass Ihr Kind noch »ins Schleudern« kommt. So kann es sein, dass die ersten Drehungen des Babys von der Bauch- zur Rückenlage noch schnell und unkontrolliert passieren. Sie werden jedoch sehen, dass es alle möglichen Verrenkungen veranstaltet, in der Seitlage verweilt, bis es buchstäblich in der Lage ist, allmählich ganz dosiert, bewusst und damit gefahrlos auf dem Rücken zu landen.

Auch zunächst abenteuerliche Stürze aus dem Stand sind in der Anfangszeit des Aufrichtens zu beobachten. Meist geschieht das Kindern, die sich unversehens und für sie selbst überraschend an irgendeinem Möbelstück aufgestellt haben, um dann genauso überraschend zu Fall zu kommen. Eine kleine Kopfbewegung kann genügen, den kleinen Abenteurer ins Schleudern zu bringen. Wenn Sie ihn weiter im Auge behalten, werden Sie sehen, dass er im Krabbeln oder Kniegang sein Fallen übt und verfeinert. Es kann auch sein, dass er für eine Weile das Aufstehen meidet, bis er sich mit seinem Fallen sicher fühlt. Verleiten Sie ihn dann nicht zum – für ihn verfrühten – Aufstehen.

Es ist immer wieder erstaunlich und berührend für mich, wie gesund und weise Babys mit sich umgehen. Wenn sie Gelegenheit, Zeit und Spielraum haben, richten sich Kinder immer nur so weit auf, gewinnen nur so viel an Höhe, dass sie sicher und vorbereitet wieder landen, wieder in ihre vertraute Lage zurückkommen können.

Diese Beobachtungen und Erfahrungen begründen meine Abneigung gegen jede Art von so genannten »Gehhilfen«. Natürlich gefällt es dem wachen, neugierigen Baby, damit durch die Wohnung zu kutschieren. Da aber weder seine Füßchen und Beinchen, noch seine

Stürze sind dann gefährlich, wenn das Kind nicht lernen durfte sicher zu fallen.

Gehhilfen über-
fordern die
Muskulatur und
können zu
Spätschäden
führen.

Bauch- und Rückenmuskulatur darauf vorbereitet sind, legt es für seine Haltung den Grundstein zu Spätschäden. Auch seine Gleichgewichtsreaktionen und seine Schutzmechanismen sind jetzt noch nicht auf dieses Abenteuer vorbereitet und es kann wirklich schwere, schockierende Stürze liefern.

Ein Kind, das vorbereitet ist sich aufzurichten, braucht keine »Gehhilfe«. Ein Kind, das eine »Gehhilfe« braucht, ist von seiner ganzen Entwicklung noch nicht bereit zu gehen, das bedeutet, es braucht in Wirklichkeit auch keine: Es wird damit vergewaltigt! Denken Sie noch einmal an den Vergleich des entspannten Gehens und Schlenderns und im Gegensatz dazu an das Gefühl, an einem Abgrund zu balancieren. Sie sollten Ihr Kind unbedingt verschonen vor dem Gebrauch eines derartigen Gestells.

Therapieformen

Falls Ihnen Ihr Arzt eine Therapie für Ihr Baby empfiehlt oder verordnet, rate ich Ihnen, sich an einen erfahrenen und kompetenten Bobath-Therapeuten zu wenden. Das Bobath-Konzept (benannt nach der Physiotherapeutin Dr.h.c. Berta Bobath und ihrem Mann Dr. Karel Bobath, Neurologe und Psychiater) zeichnet sich durch seinen ganzheitlichen Ansatz aus und will vor allem die »Selbstorganisation« und Eigenaktivität fördern.

Auch die Feldenkrais-Methode ist sehr gut geeignet, Babys in ihrer Bewegungsentwicklung zu fördern und zu unterstützen. Da es jedoch wenige Feldenkrais-Pädagogen gibt, die sich auf die Arbeit mit Babys und Kindern spezialisiert haben, sollten Sie sich genau nach ihren Erfahrungen erkundigen, damit Sie sich und Ihr Kind gut aufgehoben wissen. Adressen finden Sie auf Seite 110.

Nur eine ganzheit-
liche Methode
kann einen Men-
schen in seiner
Fülle erfassen.

Ich selbst habe eine eigene Therapie entwickelt, die ihre Wurzeln in den oben genannten Behandlungsmethoden hat. Sie setzt aber noch tiefer und weitergehend an und versucht, den ganzen Menschen zu erfassen und zu verstehen: das Baby mit seinen Geburtstraumata, das Kind mit eventuellen Schreck- und Schockerfahrungen, Jugendliche, die durch Schul- oder Erziehungskonflikte in Fehlhaltungen oder Fehlverhalten geraten sind, Unfallopfer, die durch Schmerz- oder Schutzhaltungen ihre Motorik durcheinander gebracht haben, Men-

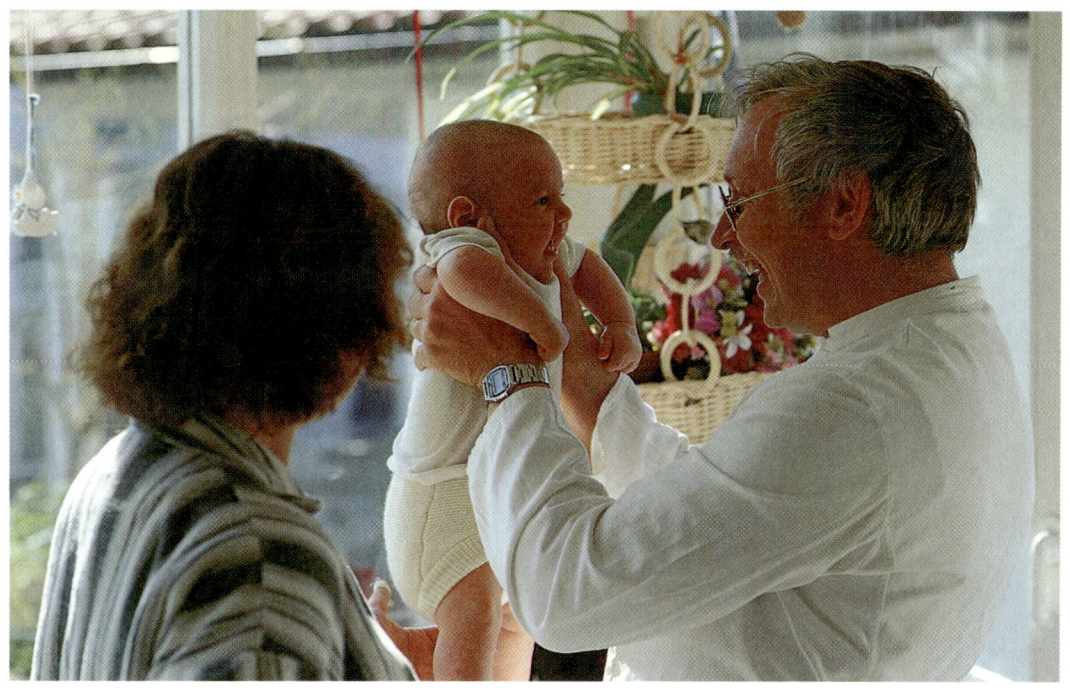

Suchen Sie sich einen Arzt oder, falls Ihr Kind bei seiner Bewegungsentwicklung zusätzliche Unterstützung braucht, einen Therapeuten, bei dem Sie und Ihr Kind sich wohl und gut aufgehoben fühlen.

schen mit Rückenschmerzen, auf deren Buckel sich jahrelanger Druck und Alltagsleid abgeladen haben, oder Klienten mit Bandscheibenvorfällen, deren Ursachen ebenfalls in Verspannungen und Verkrampfungen gründen.

Diese Therapie beruht darauf, die Spannungspunkte und -stellen im Körper des jeweiligen Klienten zu erspüren. Daraus entsteht eine Art von »nonverbalem Dialog«. Ein Teil dieses inneren Gespräches zwischen meinen Händen und dem Körper meines Klienten ist es, diese Spannungen durch meine Berührung für den Klienten spürbar und damit seiner Wahrnehmung wieder zugänglich zu machen. Das versetzt ihn, zusammen mit der eintretenden Entspannung, in die Lage, mit seinen dort »eingefrorenen« Energien in Kontakt zu kommen, sie wieder im Fluss zu spüren und verfügbar zu haben. Durch das Auflösen der Spannungen und Verkrampfungen, das gleichsam von innen geschieht, können auch Ablagerungen und Verschlackungen abgebaut werden. Dieser Vorgang kann, ähnlich wie in der Homöopathie, kurzfristige Erstreaktionen auslösen.

Was bleibt, ist eine erhebliche Entspannung und Erleichterung, was dem Klienten erlaubt, im Alltag viel klarer und differenzierter Belastungen und sein Umgehen damit zu spüren – um es gegebenenfalls zu verändern.

Schulmedizinische Behandlungen sind oft kostenintensiver und langwieriger. Leider verweigern die Krankenkassen häufig ihre Leistungen für meine Arbeit. Sie ist in deren Erstattungskatalogen nicht vorgesehen, obwohl dadurch nachweislich rasche Erfolge selbst bei chronischen, oft über Jahre anhaltenden Schmerzen schon nach wenigen Sitzungen festzustellen sind. Dennoch kommen immer wieder viele Klienten, auch von weit her zu mir, um durch die Aktivierung und Mobilisierung ihrer Selbstheilungskräfte eine neue Lebensqualität durch Schmerzfreiheit und Lebensfreude zu erlangen.

Keinesfalls will ich mit meiner Arbeit der Schulmedizin in die Quere kommen. Es gibt gesundheitliche Probleme, die einen ärztlichen Eingriff erfordern, sei er diagnostisch, medikamentös, operativ, apparativ oder gesprächstherapeutisch. Vielmehr sehe ich meine Arbeit als alternatives, ergänzendes Angebot. Viele Ärzte schicken Klienten zu mir, wenn sie der Überzeugung sind, dass in diesen Fällen eine ganzheitliche Methode weiterhelfen kann.

Bevor Sie sich für eine Therapieform entscheiden, sollten Sie sich ausführlich darüber informieren, um abwägen zu können, ob sie wirklich das Beste für Ihr Kind ist. Einige Therapeuten beispielsweise arbeiten mit viel Härte und Zwang. Dazu möchte ich Ihnen die Geschichte von Christina erzählen.

Als Beispiel: Christina

Ihre Mutter kam mit ihr, nachdem sie monatelang nach dieser zwangsweisen Methode behandelt worden war. Frau S. war ganz verzweifelt, weil sich Christina nicht nur in den Therapiestunden schreiend gegen jede Berührung wehrte, sondern auch zu Hause nicht mehr bereit war, sich von der Mutter ohne Geschrei und Abwehr anfassen zu lassen.

Zu Beginn unserer ersten Sitzung wollte Frau S. sofort damit beginnen, Christina auszuziehen, wie sie es von der vorhergehenden Therapie gewohnt war. Ich riet ihr, Christina erst einmal in der neuen Umgebung bei mir ankommen zu lassen, sie auf dem Schoß zu behalten, damit beide etwas zur Ruhe kämen.

Ich sprach leise mit Christina und vermied zunächst, sie zu berühren. Allmählich nahm sie sehr ängstlich und skeptisch Blickkontakt mit mir auf, lehnte sich auf dem

Schoß der Mutter zurück und seufzte tief. Ich begann, ganz beiläufig ihre Fingerchen zu streicheln. Dabei beobachtete ich genau, wie sie reagierte. Zunächst spielte sie damit, diese Berührungen zu ignorieren. Dann zog sie ihre Händchen weg, wenn ich mich näherte, und wir spielten eine Weile auf diese Art »Fangen«. Dann hielt ich meine Hände zurück und redete nur mehr mit ihr. Das verwirrte sie zunächst, war sie doch eher auf »Übergriffe« meinerseits vorbereitet als auf Zurückhaltung. Nun versuchte sie, mich mit Blicken und Lauten dazu zu bringen, wieder mit ihren Fingerchen Kontakt aufzunehmen. Ich ging mit meiner Stimme und mit den Augen auf ihr Spiel ein, behielt jedoch meine Hände bei mir. Inzwischen hatte sie ihren Rücken aufgerichtet, beugte sich vor und ganz allmählich kam ihr Händchen zu mir. Nun begannen wir das »Fangenspiel« erneut, aber unter umgekehrten Vorzeichen: Sie fing meine Hände, der Kontakt ging von ihr aus! Langsam bezogen wir auch die Hände ihrer Mutter in unser Spiel ein und gegen Ende unserer Sitzung erlaubte Christina, dass ich auch Ärmchen und Beinchen, Rücken und Bauch berühren durfte. Während der ganzen Zeit war sie angekleidet.

Was war geschehen? Warum war dieses kleine Mädchen so handscheu geworden? In der vorhergehenden Therapie war es jedes Mal bis auf die Windeln entkleidet worden. Die Therapeutin legte es auf einen Behandlungstisch und brachte es mit geübtem Griff in eine Zwangslage, aus der es sich zur Verbesserung seiner Bewegung befreien sollte. Die Mutter erzählte, wie die meisten der kleinen Patienten habe Christina fürchterlich geschrien, aber da die Therapeutin nicht locker ließ, habe sie endlich die geforderte Befreiungsbewegung ausgeführt. Danach nahm die Therapeutin Christina erneut in diese Zwangslage und brachte der Mutter bei, wie sie halten, wo sie drücken müsse, um Christina zu ihrer Protestbewegung zu veranlassen.

Die Mutter, die natürlich das Beste für ihr Kind wollte, willigte ein, diese Prozedur zu Hause vier Mal täglich zu absolvieren. Dort versuchte sie, die Situation zu entschärfen, indem sie Christina davor mit Singen und Zuwendung, hinterher mit Belohnungen und Kuscheln beschwichtigen wollte.

Doch Christina erwies sich als unbestechlich und wurde immer wacher und findiger, die Vorzeichen der Prozedur zu erkennen – und dagegen zu protestieren. So durchschaute sie auch, dass das geliebte Baden Vorbereitung dazu war. Statt es wie früher zu genießen, schrie sie und machte sich so steif, dass sie der Mutter immer wieder aus den Händen glitt. Im Lauf der Wochen wurde die Beziehung zwischen Mutter und Tochter immer verzweifelter. Die Therapeutin meinte, die Methode sei erprobt und erfolgreich; dass Christina keine Fortschritte mache, liege wohl an der Inkonsequenz der Mutter. Die bat nun, völlig entnervt, den Vater, die Therapie mit zu übernehmen. Als auch er nach kurzer Zeit an Christinas Abwehr scheiterte, beschlossen die Eltern zunächst, alle therapeutischen Bemühungen einzustellen und Christina in Ruhe zu lassen.

Das war an sich ein kluger Entschluss, doch war Christina so verschreckt und verzweifelt, dass es der Mutter zunächst bei allen Bemühungen und allem guten Willen nicht gelang, wieder mit Christina in Berührung zu kommen. Je mehr und je trickreicher die Mutter es versuchte, desto mehr wich sie aus, zuckte zurück und schrie.

Als Frau S. dann zu mir kam, merkte sie erst, dass sie Christina bis jetzt gar keine Gelegenheit gegeben hatte, von sich aus wieder Kontakt mit ihr aufzunehmen. Sie verstand das Prinzip sehr schnell und beide, Mutter und Tochter, gingen erleichtert nach Hause.

Beim nächsten Besuch berichtete mir Frau S., Christina hätte von sich aus – und ohne entsprechendes Übungsprogramm – ihr Robben wiederentdeckt und mit Begeisterung praktiziert. Dieses Robben war der Anlass zur vorherigen Therapie gewesen. Christina hatte nur ihr linkes Beinchen dazu benutzt und durch die Therapie sollte das rechte miteinbezogen werden. Nun spielte sie wieder mit ihrer Bewegung, nachdem sie im Verlauf der vorhergehenden Therapie immer resignierter geworden war. Wie Frau S. sagte, hätte sie nur noch quengelnd auf dem Fußboden gelegen, bestenfalls mit einer stereotypen Schaukelbewegung beschäftigt.

Ich kenne diesen Rückzug und diese Verzweiflung von einigen Kindern, die wie Christina mit einer Zwangsmethode behandelt worden waren. Sie ist auch deshalb so problematisch, da sie die Eltern dazu verleitet, als Therapeuten zu fungieren. Das bedeutet einen schweren Eingriff in die Eltern-Kind-Beziehung, wird so doch das Kind seiner Rückzugsmöglichkeit in die vertraute Geborgenheit und tröstende Nähe beraubt, indem sich die Eltern aus seiner Sicht mit dem Zwang und der Unterdrückung verbünden.

Christinas Robben war zwar noch immer auf ihr linkes Beinchen beschränkt, doch zunächst war das zweitrangig, hatte sie doch ihre Bewegungsfreude und Lebenslust wiedergefunden. Ich riet der Mutter, so wenig wie möglich einzugreifen und Christina einfach Spielraum, Beachtung und Zuneigung zu geben.

Wenn Eltern eine derartige Funktionstherapie hinter sich haben, fällt es ihnen häufig sehr schwer, ihr Kind einfach wieder sich selbst zu überlassen. Oft werden sie im Verlauf einer solchen Behandlung so geschult, nur noch wahrzunehmen, was ihr Kind nicht kann, dass sie erst wieder lernen müssen, es unbefangen und ganzheitlich zu sehen, es nicht nur durch die Brille des Pathologisierens zu betrachten.

So nutzte ich die zweite Stunde dazu, zusammen mit der Mutter Christina einfach zuzuschauen. Ich machte Frau S. darauf aufmerksam, wie selbstverständlich und selbständig Christina sich auf den Weg machte, meinen ihr noch unbekannten Raum zu erforschen, und erinnerte sie daran, wie ängstlich sie das erste Mal gewesen war. Wir beobachteten ihre Händchen, die sie eifrig und selbstvergessen benützte, den Fußboden zu erforschen, die Verschiedenheit ihrer Decke und des Teppichs in sich aufzunehmen, wie flink sie unter meine Liege kroch, um sich das klappernde Hantelchen wiederzuholen, das daruntergerollt war. Und wie geschickt befreite sie sich, als sie unter der Liege feststeckte! Für Frau S. war alles, was Christina konnte, selbstverständlich und nicht der Beachtung wert gewesen, war sie doch regelrecht dazu dressiert worden, nur auf das rechte Beinchen zu starren, das Christina beim Robben vernachlässigte.

Ich beobachtete diesen Bewegungsablauf genau und sah, dass sie zwar das rechte Füßchen nicht benützte, im Becken jedoch bereits die Gewichtsverlagerung anbahnte. So erklärte ich Frau S., dass es ganz leicht sein würde, Christina beim Übergang zum Krabbeln ihre rechte Seite zugänglich zu machen. Nach all den Therapieerfahrungen, die Eltern und Tochter hinter sich hatten, entschied ich mich dafür, Christina vor Eingriffen zu verschonen und sie einfach ihr einseitiges Robben genießen zu lassen. Wir konnten getrost den Übergang zum Krabbeln abwarten.

Ich verabschiedete die beiden und bat Frau S. anzurufen, wenn Christina anfinge, sich auf allen vieren zu bewegen. Bald meldete sich Frau S., es sei so weit. Als ich sie bei unserem nächsten Treffen anfasste, um ihren Rücken und ihr Becken ganz leicht und behutsam nach links und nach rechts zu bewegen, waren Stabilität und Verlagerung nach beiden Seiten gleichmäßig möglich. Christina hatte ihr rechtes Bein und ihre rechte Seite vollständig in den Beginn des Krabbelns integriert.

Ich hätte sie guten Gewissens entlassen, doch Frau S. bat mich noch um eine Kontrollstunde, wenn Christina anfinge, sich auf ihre Füßchen zu stellen. Als die beiden wiederkamen, war es eine Genussstunde für mich zu beobachten, wie locker sie stand, wie geschickt sie fiel und sich zum Krabbeln sortierte. Schon flitzte sie durch den ganzen Raum, um mit dem feinstem Pinzettengriff ein Bilderbuch umzublättern und sich dann an der nächsten Wand wieder aufzurichten.

Ich erzähle Ihnen diese Geschichte so ausführlich, um Sie darauf aufmerksam zu machen, dass es Therapieformen gibt, die mit Druck und Zwang arbeiten und das Kind in gut erforschten neurophysiologischen Reflexen reagieren lassen – sofern es dazu bereit ist und Sie sich bereit erklären, Ihre Beziehung zu Ihrem Kind zu der eines Therapeuten zu wandeln.

Es gibt jedoch auch solche Möglichkeiten, Ihr Kind zu unterstützen, falls es Schwierigkeiten mit seiner Bewegungsentwicklung hat, die seine Bewegungsfreude und seine Lust zu entdecken in die Behandlung miteinbeziehen. Ich erlebe immer wieder, wie einfach es sein kann, mit einem Kind zu arbeiten, wenn es an *der* Stelle seiner Entwicklung abgeholt wird, an der es sich wohl und vertraut fühlt, um dann, mit seiner Neugier und seinem Bedürfnis zu wachsen als Motor, zusammen mit ihm die nächste Stufe zu erobern.

Förderung der Bewegungsfreude und liebevolle Aufmerksamkeit helfen immer.

Die energetische Eltern-Kind-Schaukel

Über die Erfahrungen der beiden »Standbeine« meiner Arbeit (Bobath und Feldenkrais) bin auch ich zu neuen Erkenntnissen und letztlich zur Entwicklung einer neuartigen Eltern-Kind-Arbeit gekommen. Welche Idee und welche Erfahrungen stehen dahinter?

Zunächst habe ich als Physiotherapeutin zwölf Jahre in eigener Praxis mit Babys, Kindern und Jugendlichen gearbeitet, die Schwierigkeiten in ihrer Bewegungsentwicklung oder Einseitigkeiten in ihrer Haltung hatten. Zu der Zeit existierte die Bobath-Arbeit zwar schon, war aber zunächst als Therapieform für Erwachsene mit Leiden des Zentralnervensystems konzipiert, z.B. für Menschen nach Schlaganfällen, für MS-Kranke oder für Querschnittsgelähmte.

Zusammen mit anderen Physiotherapeuten und Ärzten versuchten wir damals, die Grundlagen der Bobath-Therapie in die Arbeit mit behinderten Kindern zu integrieren. Wir begannen allmählich damit, auch Babys und Säuglinge, deren Lage und Bewegung auffällig waren, in dieser Art zu behandeln. Es zeigte sich bald, dass dieses ganzheitliche Umgehen für die Kinder weitaus förderlicher und wirksamer war, als die zuvor übliche, rein mechanische Säuglingsgymnastik.

Im Verlauf dieser Arbeit wurde bald sichtbar, dass fast alle der behandelten kleinen Patienten während der Schwangerschaft oder ihres Geburtsverlaufes mit besonderen Schwierigkeiten zu tun hatten. Sei es, dass ihre Mütter in der Zeit der Schwangerschaft erkrankt waren oder sie schwere psychische Belastungen zu bewältigen hatten. Manchmal war der Geburtstermin zu früh oder verspätet oder eine langwierige, komplizierte Geburt musste durch den Einsatz von Zange oder Kaiserschnitt beendet werden.

Fast jedes dieser entwicklungsauffälligen Kinder hatte mit besonderen Risikofaktoren zu kämpfen gehabt. Auf der Basis dieser Beobachtungen konnte ich eine so genannte Risikosprechstunde einrichten und mitbetreuen. Sie war, geleitet von zwei Kinderärztinnen, gedacht für Eltern und deren Kinder, die auf Grund der genannten Schwangerschafts- und/oder Geburtsrisiken besorgt waren. Manche kamen auch, weil sie aufgrund ihrer eigenen Beobachtungen aufmerksam geworden waren, um die gesunde Entwicklung ihrer Neugeborenen und Kinder sicherzustellen.

Mein therapeutischer Ansatz damals war, die Kinder – unabhängig von ihrem tatsächlichen Alter – in *dem* Entwicklungsalter abzuholen,

Schwierigkeiten während Schwangerschaft und Geburt können die Beziehung belasten.

in dem sie sich wohl und sicher fühlten. Mit behutsamen Impulsen und Anregungen machte ich ihnen den Schritt zur nächsten Stufe zugänglich. Diese Arbeit war außerordentlich erfolgreich und erfreulich. Bei der Mehrzahl der Kinder genügte es, ihre Schwierigkeit zu identifizieren und mit kleinen Hilfestellungen zu überbrücken. Oft reichte schon, dass die Eltern während der Behandlungszeit lernten, ihr Kind mit seinen Bemühungen und Fortschritten erst einmal wahrzunehmen und anzunehmen, anstatt es mit ehrgeizigen Zielen zu überfordern.

Als Beispiel: Felix

Da fällt mir der kleine Felix ein, der mit seinen elf Monaten einfach nicht frei sitzen wollte und als »bewegungsarmes, faules Kind« mit einer Gehhilfe und Lauflernschuhen traktiert wurde. Schon in der ersten Sitzung zeigte sich, dass er fast die gesamten elf Monate seines Lebens in der Wippe sitzend zugebracht hatte. Nie war er auf die Erde gelegt worden, um mit der Drehung von der Rückenlage zur Bauchlage spielen zu können. Auch in seinem Bettchen gab es keinen Spiel-Raum. Dort war er in einen Schlafsack eingebunden, um den Gefahren von Aufstrampeln und Erkältung vorzubeugen.

Als ich ihn in unserer ersten Stunde auf den Boden legte, schaute er neugierig und interessiert um sich. Zielsicher griff er nach dem angebotenen Spielzeug, nahm die kleine Rassel, um sie heftig zu schütteln und auf den Boden zu klopfen. Als sie ihm entwischte, drehte und wand er sich, bis es ihm gelang, sie wieder zu packen. Innerhalb ganz kurzer Zeit war er – quasi von allein – über seine Seite in die Bauchlage gerollt. Staunend besah er sich die Welt aus dieser neuen Perspektive und juchzte vor Vergnügen über sein neues Gesichtsfeld.

Allmählich erregte das Rappelchen wieder seine Aufmerksamkeit. Als er es voller Begeisterung von der einen in die andere Hand wechselte, rollte er wie ein kleiner Fallschirmspringer wieder in die Rückenlage zurück. Erschrocken hielt er inne, mit einem wachen Blick unsere Reaktion beobachtend, ob das nun zum Heulen oder zum Lachen war. Als er meinen bewundernden Gesichtsausdruck und meine beruhigende, leichte Berührung spürte, erledigte er den Rest seiner Behandlung selbst, das heißt, er spielte vergnügt und hingebungsvoll mit dieser neu entdeckten Fähigkeit und rollte auf diese Art durch das ganze Zimmer.

Da ihm nun auch zu Hause ein Spiel-Raum zur Verfügung stand, hatte er in kurzer Zeit diese Rollbewegung so weit stabilisiert, dass sie ihm nicht mehr unversehens passierte, sondern er sie im Spiel mit seinem Gleichgewichtssinn dosieren konnte. Bald begann er, sich zielgerichtet im Raum zu bewegen. Er fing an zu robben. Er konnte nun seinen Lebensraum erfahren, erleben. Einige Wochen später, nachdem er den Boden »abgegrast« hatte, stand er auch schon auf seinen Händen und Knien, rang erneut um seine Balance, um sich so weit sicher zu machen, dass er – eine Etage höher, beweglicher und flinker – sein Umfeld krabbelnd entdeckte und erweiterte.

Ich hatte die Mutter gebeten, in dieser Phase noch einen Termin mit mir zu vereinbaren. So sah ich Felix ein knappes Vierteljahr nach unserer ersten Begegnung wieder – ein völlig anderes Kind. Er näherte sich im Vierfüßlergang krabbelnd allem, was ihn interessierte, drehte sich zum Sitzen, untersuchte, was er angesteuert hatte, und peilte dann sein nächstes Ziel an.

Das »faule Kind« hatte sich in einen lebhaften Buben verwandelt. Mit aller ihm verfügbaren Eigenständigkeit erforschte und eroberte er seine Welt – und das freie Sitzen war ihm ganz einfach und natürlich durch die Folgerichtigkeit seiner Bewegungsentwicklung zugänglich geworden.

Oft prägt eine Diagnose die ganze weitere Entwicklung. Felix ist ein gutes Beispiel dafür, wie Kinder oft an ihrer Bewegungsentwicklung gehindert – und dadurch »behindert« – werden. So leicht kann eine Diagnose zur »selffulfilling prophecy« werden, was nichts anderes meint, als dass ein Kind durch eine »festgestellte« Behinderung in eine an sich gar nicht vorhandene Fehlentwicklung hineingezwängt wird. Immer wieder mache ich die Erfahrung, dass ein Kind in das Bild einer Diagnose fixiert wird. Das kann dazu führen, dass Eltern ihr Kind nur noch durch diese »Brille« sehen. Bei Felix und seinen Eltern war die Umkehr noch möglich.

Mir war zu dieser Zeit meiner Frühtherapiearbeit wesentlich, zunächst zu sehen, wo die Kinder »steckten«, um die Eltern darin zu unterstützen, ihren Kindern den Spiel-Raum zu geben, der dem jeweiligen Entwicklungsstand entsprach. Oft erübrigten sich dadurch Übungsprogramme und mechanische Gymnastik.

Freiwillig hätte ich diese bereichernde Arbeit sicher niemals aufgegeben. Es war mein Körper, der an allen Enden schmerzte und knirschte, lahmte und spannte, der mich zwang, mir selbst Aufmerksamkeit zu schenken. Er lehrte mich, mich meinem eigenen inneren gehinderten und behinderten Kind zuzuwenden.

Als ich 1976 Dr. Moshé Feldenkrais begegnete, gelang es mir zum ersten Mal, mit Hilfe meiner eigenen Bewegung, die Befreiung und Erleichterung zu spüren, die ich zuvor meinen kleinen Patienten zugänglich gemacht hatte. Unter seiner Anleitung entdeckte ich die Schutzmechanismen und Zwangshaltungen, mit denen ich mir meinen eigenen Spiel-Raum genommen und mich mit meinen Ansprüchen und Erwartungen überfordert, angespannt und verwirrt hatte.

Zunächst war das Entdecken der körperlichen Befreiung schon abenteuerlich und faszinierend genug. Allmählich nahm ich aber die Beziehungen und Vernetzungen mit der emotionalen, sozialen, intuitiven und intellektuellen Ebene wahr. Ich begann, den Schwerpunkt meiner Arbeit auf das Begleiten von Erwachsenen in Einzelsitzungen und Gruppenseminaren zu verlegen.

Dieses gemeinsame »Entdecken und in Einklang kommen« mit meinen Klienten und Seminarteilnehmern brachte und bringt mich immer wieder auch mit dem Entdecken des inneren Kindes in Kontakt, das in jedem von uns lebt. Dieses innere Kind vegetiert nur allzu oft eingeschlossen und unerhört, ohne Spielraum und Ausdrucksmöglichkeit, bis es sich – unverzagt und hartnäckig – über die Sprache des Körpers, über Signale und Botschaften wie Schmerzen oder Ausfälle bemerkbar macht und Gehör verschafft.

Ein inneres Kind lebt in jedem von uns.

In dieser Zeit der Erwachsenenbegleitung hatte ich mich, zunächst meiner Schmerzen wegen, dann auch aus Überzeugung, fast ganz von meiner ursprünglichen Frühtherapie distanziert, weil sie mir in der ursprünglich praktizierten Form bei aller Behutsamkeit und Zurückhaltung noch immer zu manipulativ und eingreifend gewesen war.

Nun erlebte ich nach dem jahrelangen Umgehen mit der Feldenkrais-Methode und meiner eigenen Entwicklung damit, dass ich mich Kindern in einer ganz anderen Art und Einstellung zuwandte.

So, wie mir zunächst die inneren Beziehungen zwischen körperlicher, emotionaler, spiritueller, sozialer und intellektueller Ebene bewusst geworden waren, wurde mir nun die energetischen Verbindung von Eltern und Kind deutlich, die lange nach Zeugung, Schwangerschaft und Geburt weiterbestehen bleibt als eine Art energetischer Nabelschnur. Was ich früher allein als körperlich-motorische Risikofaktoren gesehen hatte, wurde mir nun als Schwierigkeit und Disharmonie in der Einstellung und im Umgehen in der Eltern-Kind-Beziehung erkennbar.

Als Beispiel: Jakob

Die sich aus diesen Erfahrungen entwickelte neue Art der Zusammenarbeit entstand in einem Moment völliger Ratlosigkeit.

Eine junge Mutter war mit ihrem viel zu früh geborenen kleinen Sohn zu mir gekommen. Sie hatte dieses Kind, das nach der Geburt noch wochenlang in der Klinik behandelt werden musste, endlich, sehnsüchtig erwartet, nach Hause holen können. Die anfängliche Freude war jedoch schnell getrübt, da Jakob fast nur schrie, die Nahrung verweigerte oder erbrach. Wenn er für ein paar Augenblicke erschöpft eingeschlafen war, erwachte er wieder jäh, um erneut den Kampf gegen Nahrung und elterliche Zuwendung aufzunehmen. Die Mutter war in Panik, denn der kleine Junge sollte doch wirklich noch viel an Gewicht zunehmen. Je mehr sie sich bemühte, ihn zu päppeln und zu liebkosen, umso größer wurde sein Widerstand.

Intuitiv bat ich die Mutter, sich mit dem kleinen Bündel Abwehr auf meine Behandlungsbank zu legen. Sie begab sich zwar in die Horizontale, war jedoch selbst nur Spannung und Festhalten. Ich setzte mich so, dass ich beide mit meinen Händen im Rücken unterstützen konnte. Zunächst schrie Jakob noch lauter und verzweifelter – und doch schien der Mutter durch die Berührung meiner Hände ein Stück Last genommen. Mit einem Seufzer entspannten sich ihre Schultern etwas und sie hielt Jakob nicht mehr so klammernd fest. Diese schier unsichtbare Veränderung brachte ihn dazu, nun sein schrilles Geschrei in ein fast wehklagendes Jammern zu wandeln. Das war wiederum für die Mutter so weit entlastend, dass sie ganz allmählich aus ihrer starren Spannung in eine annähernd entspannte Lage kam.

Im Verlauf der Sitzung war die energetische Einheit zwischen den beiden so weit tragend, dass Jakob schlafend und still an die Mutter geschmiegt lag. Die hielt ihn ganz natürlich in ihren Armen, ohne einengendes Festhalten und An-sich-Drücken. Ich ließ die beiden noch eine Weile alleine nachruhen.

Als ich die Mutter aufgesetzt und ihr ihr Kind in die Arme gelegt hatte, war eine deutlich sichtbare und spürbare Wandlung geschehen. Die Mutter ließ ihren Erleichterungstränen freien Lauf. Weinend und lachend zugleich sagte sie, dass es ihr bis jetzt noch nicht gelungen sei, ihren Sohn so einfach in den Armen zu halten. Ich bat sie, mich in den nächsten Tagen anzurufen. Sie berichtete erleichtert, dass Jakob sich völlig verändert habe. Sie meinte, dass das auch daran liegen könne, dass sie so ganz anders mit ihm umginge.

In Abständen von einigen Wochen, später Monaten, kamen die beiden wieder. Erst viel später war die Mutter in der Lage, darüber zu sprechen, wie belastet sie gewesen sei: Jakob war nach drei Fehlgeburten nicht nur das Wunsch- sondern geradezu das »Muss-Kind«. Mit ihren vierzig Lebensjahren hatte sie sich zusätzlich unter dem Druck der biologischen Uhr gefühlt – und dann war dieses Kind als Winzling viel zu früh geboren und wurde sofort mit allen Wundern der Neonatologie empfangen.

Jakob musste ein Vierteljahr in der Klinik bleiben, für die Mutter im wahrsten Sinne ungreifbar und unfassbar, an Apparate angeschlossen und im Brutkasten unerreichbar. Als er dann endlich heimkam, wollte er nicht gedeihen. Sie schilderte ihre Nöte mit all ihren Selbstzweifeln, Ängsten und Schuldgefühlen, ihren Druck, alles besonders gut und perfekt machen zu wollen, und ihre Panik, dieses Kind zu verlieren. Dazu kam die Entfremdung von ihrem Mann, der sich aufgrund ihrer Anspannung teils von ihr zurückzog, teils mit so viel Einsatz engagierte, dass sie das als Vorwurf oder »Besserkönnen« interpretierte und sich noch mehr verschloss.

Inzwischen ist Jakob vier Jahre alt, geht in den Kindergarten, reitet und ist ein fröhliches, neugieriges Kind geworden.

Ein Weg zu neuer Begegnung

Immer, wenn sich Eltern an mich wenden, gibt es eine Art von »Missverständnis« in der Beziehung zwischen Eltern und Baby: eine Störung in der besonders sensiblen Zeit kurz vor, während oder nach der Geburt bringt Turbulenzen und Reibungen in die enge Beziehung zwischen Eltern und Kind, meist zuerst in die zwischen Mutter und Kind. Das Baby erlebt die Situation mit Gefühlen der tiefen Kränkung und Verlassenheit. Die Mutter empfindet die Komplikationen häufig so, als hätte sie irgendwie versagt, und reagiert ihrerseits mit Angst und Schuldgefühlen. Der Teufelskreis beginnt.

Die energetische Einheit zwischen Mutter und Kind wird gestört.

Je mehr sie sich bemüht, dem Kind gerecht zu werden, umso mehr verschließt es sich ihrem Bemühen, bei dem es Anstrengung und Spannung spürt. Seine Abwehr und Verweigerung treiben die Mutter in noch heftigeres Rechtmachenwollen und so wird die Spirale immer enger und scheinbar ausgloser.

Dieser Konflikt zwischen Mutter und Kind hat natürlich auch Einfluss auf die elterliche Partnerschaft. Der Vater kann sich ausgeschlossen fühlen und seinerseits mit Trotz und Rückzug reagieren oder er hat den Eindruck, die Mutter packt die ganze Angelegenheit nicht richtig an. Dann besteht die Möglichkeit, dass er eingreift, um zu zeigen, wie es gehen müsste, was oft zu weiteren Komplikationen führt. Seine Enttäuschung, dass Mutter und Kind nicht so »funktionieren«, wie er erwartet hat, können ihn zum »Besserwisser« machen oder ihn zur Flucht vor der Überlastung der Probleme bewegen.

Auch der Vater leidet unter der gehemmten Beziehung.

Die Hintergründe sind den Beteiligten häufig überhaupt nicht bewusst. Mir geht es auch nicht darum, in diese Mechanismen einzugreifen, sondern darum, Eltern und Kind einfach ihre innere Verbindung spürbar zu machen, um so, nonverbal und eher meditativ, zu Entspannung und Verständigung beizutragen. Oft genügt eine Sitzung, um Entlastung und eine neue Bereitschaft zur Versöhnlichkeit und Verständigung zu ermöglichen.

Um die Situation zu verdeutlichen, lade ich Sie zu einem kleinen Ausflug in die Entwicklungsphysiologie und -psychologie ein:

Als kleine Kinder sind wir unfähig zu abstrahieren und zu analysieren. Wir empfinden alles, was wir erleben, als Verantwortlichkeit der Eltern, bevorzugt der Mutter. Ob wir uns freuen oder leiden, ob wir Lust oder Schmerz erleben, als Folge der symbiotischen Situation während der Schwangerschaft empfinden wir die Mutter als Quelle aller Freuden oder Zumutungen.

In unserem kindlichen Bewusstsein statten wir sie mit der Allmacht aus, Ursprung von Wohl und Wehe zu sein. In dieser kindlichen Wahrnehmung ordnen wir zum Beispiel den Schmerz der Geburtszange oder des schrillen Lichtes im Kreissaal nicht dem Geburtshelfer zu, sondern der Mutter, die erlaubt, dass uns so etwas widerfährt.

Wenn wir uns vor Augen halten, wie empörend oder verletzend oder verängstigend all die Erfahrungen allein während der Geburt für uns waren, und dann noch betrachten, dass Mütter im Verlauf einer Schwangerschaft und Geburt auch nur Menschen sind, das heißt, dass sie vielleicht nicht durchgängig »guter Hoffnung«, sondern auch verzagt oder unwillig, besorgt oder angstvoll waren, wird klar, mit welch riesigen Hypotheken die Beziehung zwischen Mutter und Kind belastet sein kann.

Eine »innere Nabelschnur« besteht auch nach der Geburt weiter.

Viele Menschen wachsen nie aus dieser kindlichen Mutter-Sichtweise heraus, was die Mutter zum unerschöpflichen Lieblingsthema der Psychologie macht.

Die Intention meiner Arbeit ist es, die energetische Eltern-Kind-Schaukel in einem harmonischen Zusammen-Spiel schwingen zu lassen, anstatt sie immer weiter in Schwindel erregende Höhen aufzuschaukeln. Dabei dient mein Begleiten in Aufmerksamkeit und Präsenz dazu, die scheinbare Trennung, die durch die Geburt stattfand, zu überbrücken.

Meist beginne ich damit, mit meinen Händen Mutter und Kind zu berühren, um beiden Unterstützung, Schutz und Wärme zu geben. Ich sehe meinen Beitrag zu der inneren Arbeit der beiden darin, gleichsam als Katalysator zu wirken, der ihnen erlaubt, ihre Verwirrungen und Missverständnisse zu lösen, ihre Beziehung neu zu klären und die tiefe Liebe zugänglich zu machen, die sie in Wirklichkeit bewegt und beseelt. Oft spüre ich in beiden eine tiefe Sehnsucht nach einer einfachen Berührung, einer Berührung ohne Hast und Geschäftigkeit, ohne Forderung und Anspruch, eine einfache, zweckfreie Berührung.

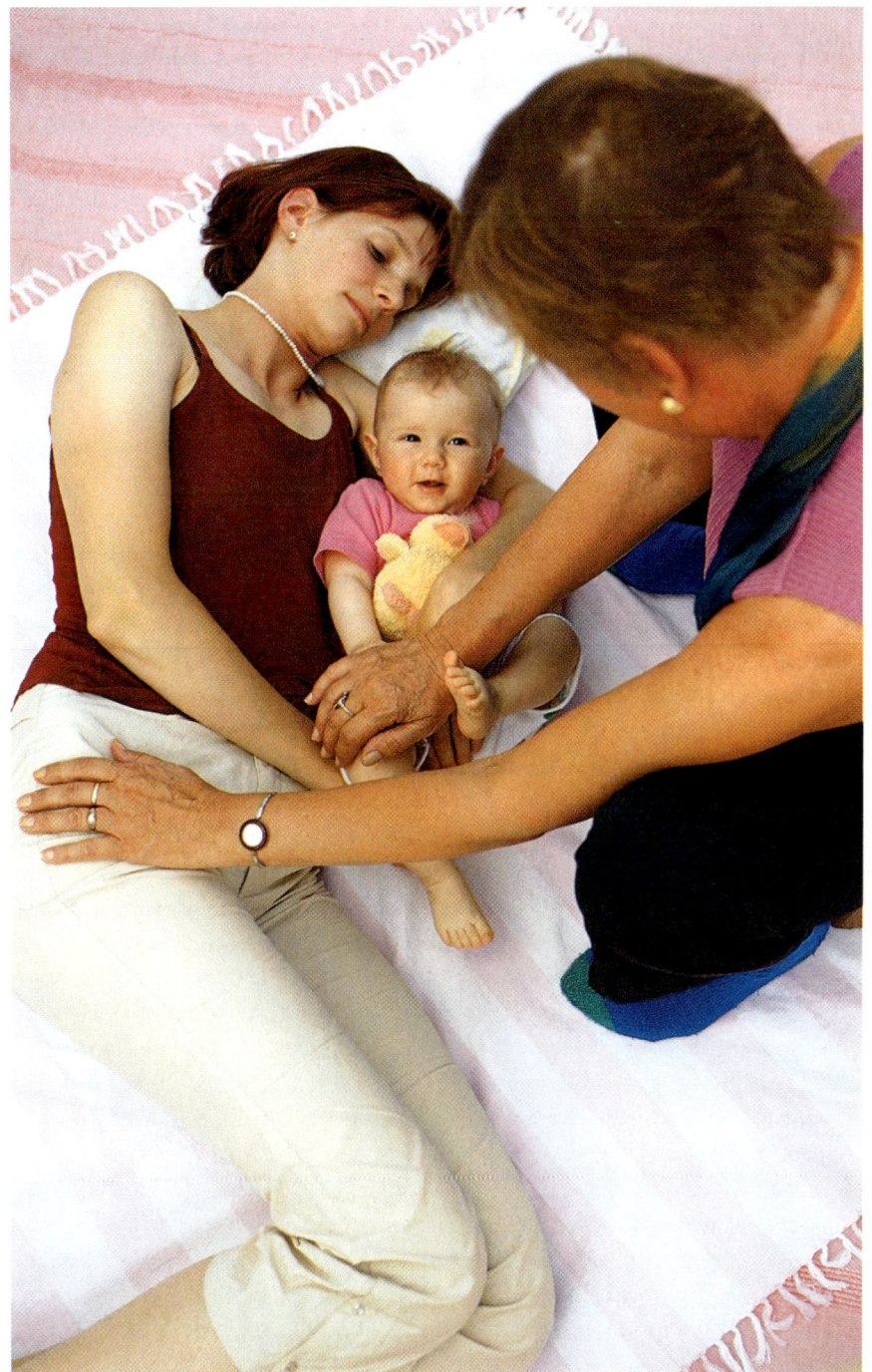

In der »energetischen Eltern-Kind-Schaukel« können sich Mutter und Kind wieder als harmonische Einheit erfahren. Die Verbindung und Unterstützung durch eine liebevoll helfende Person schafft Vertrauen.

Der weitere Verlauf der Sitzung ist so verschieden wie die Beziehungen der Beteiligten. Mal kuschelt sich ein abwehrbereites Kind ganz weich und innig an seine Mutter in dem Moment, in dem aus ihrer Umklammerung eine Umarmung wird. Ein andermal werden die Berührungen des Kindes zur Mutter hin vom nervösen Zupfen oder schmerzhaften Bohren sanft und zärtlich. Dann kann es sein, dass sich ein angestrengt festgekralltes Kind von der Mutter löst, um seine ihm entsprechende Lage zu finden. Auch kann es geschehen, dass ein Kind von der Liege klettert, um den Raum zu erforschen. Wenn es mir dann gelingt, der Mutter durch meine Berührung spürbar zu machen, dass ich ihr Kind weiterhin im Auge behalte, während sie bei sich bleiben und ihre gespannte Hab-Acht-Haltung aufgeben kann, kommt das Kind meist nach seinen Entdeckungsreisen freiwillig und mit neuer Offenheit auf die Liege zurück.

Auch Jugendliche können so mit ihren Eltern wieder in Kontakt kommen.

Ich habe in dieser Art auch mit Jugendlichen und ihren Eltern gearbeitet und dabei erfahren, dass es »nie zu spät« ist, diese energetische Eltern-Kind-Schaukel neu in Balance zu bringen. Das ist ein Aspekt, der mich ganz besonders beeindruckt und ermutigt, da gerade in der Zeit der Entfremdung während der Pubertät wieder Verständnis, Begegnung und Nähe möglich werden.

Bis jetzt habe ich eher von der Mutter-Kind-Schaukel gesprochen, möchte jedoch die Vater-Kind-Sitzungen nicht unterschlagen. Die finden zwar seltener statt, führen jedoch zu den gleichen befreienden Ergebnissen.

Abschließend kann ich sagen, dass durch mein Begleiten der Raum entsteht, in dem beide – Elternteil und Kind – ihre Zusammengehörigkeit in der Schaukel der energetischen Einheit wiederfinden. Das lässt beide gewahr werden, wie sie die Schaukelbewegungen entweder belasten oder aber befreien können, wie sie zu Turbulenz oder Harmonie beitragen, um in Versöhnlichkeit zum Miteinander zu kommen.

Schritt für Schritt
zusammen gehen

Das ist das Tragende und Beständige in dieser besonderen Beziehung zwischen Ihnen und Ihrem Kind: dass Sie auch Schwankungen in der Harmonie, Missverständnisse und Reibungen immer mit der Bereitschaft erleben, wieder zum Miteinander zu kommen. Dafür können Sie im ersten Lebensjahr Ihres Babys einen wichtigen Grundstein legen.

Es ist mir ein Anliegen, Sie zu ermutigen, sich auch weiterhin in seine Gefühlswelt zu versetzen, seine Signale zu hören und zu verstehen, um immer wieder den für Sie beide richtigen und der jeweiligen Situation entsprechenden Schritt zu gehen. Denn auch die nächsten Etappen dieser gemeinsamen Reise bergen Überraschungen und Abenteuer. Die ständigen kleinen und großen Entscheidungen erfordern weiterhin Ihre Achtsamkeit und Sorgfalt.

Nachdem Sie dieses erste, entscheidende Wegstück gemeinsam mit Neugier, Aufmerksamkeit und Respekt gemeistert haben, gibt es eine stabile Basis, auf der Sie die weitere Entwicklung Ihres Kindes begleiten können. Bleiben Sie bereit, ihm immer wieder Ihre Hände zu reichen, um ihm in Phasen von Umbruch und Neubeginn die notwendige Unterstützung zu geben, und bereit auch für Lösungs- und Abschiedsprozesse, die das Selbständigwerden mit sich bringt.

Diese frühe Zeit stürmischer Entwicklung vom ersten Schrei zum ersten Schritt mag Ihnen gezeigt haben, dass die Aufgabe des Elternseins mit sehr viel Freude und innerer und äußerer Bewegung einhergeht. Entscheidend ist Ihre Beziehung zu dieser jungen Persönlichkeit, die, wie jede echte Beziehung, mit dem ganzen Spektrum der Gefühle ihre Lebendigkeit, Wandelbarkeit und auch Stabilität spürbar macht.

Ich wünsche Ihnen die Offenheit, mit Ihrem Kind in diesem liebevollen Kontakt zu bleiben, um die Kostbarkeit jeden Augenblickes und jeder Lebensphase zu genießen. So können Sie ihm auch immer wieder die Freiheit geben, die es braucht, um sich leicht und zu seiner Zeit zum nächsten Schritt, zur nächsten Stufe hin zu entwickeln.

Adressen

Klawitter-Kreis
Entdecken und Einklang/Forum zur Selbstfindung
Hauptstraße 17 b
85716 Unterschleißheim
Tel.: 089/317 36 63
Fax: 089/37 48 82 01
E-Mail: u.klawitter@gmx.de

Adressen von Feldenkrais-Therapeuten in
Deutschland und weitere Informationen erhalten
Sie über

Feldenkrais-Gilde Deutschland e.V.
Jägerwirtstraße 3
81373 München
Tel.: 089/523 10 171
Fax: 089/523 10 172
E-Mail: Gilde@Feldenkrais.de
www.feldenkrais.de

In der Schweiz

Schweizerischer Feldenkrais Verband SFV
Geschäftsstelle, Frau Rägi Zubler
Rebhalde 33
8645 Jona
Tel.: 055/214 26 58
Fax: 055 214 26 59
E-Mail: info@feldenkrais.ch
www.feldenkrais.ch

In Österreich

Feldenkrais-Verband Österreich
Postfach 363
1181 Wien
Tel./Fax: 01/479 25 03
E-Mail: office@feldenkrais.at
www.feldenkrais.at

Wenn Sie Informationen über das Bobath-Konzept oder Adressen von Bobath-Therapeuten in
Deutschland möchten, wenden Sie sich bitte an

Vereinigung der Bobath-Therapeuten
Deutschland e.V.
Frau Barbara Pohl
Jierstraße 12
27619 Schiffdorf
Tel.: 04706/9312-31
Fax: 04706/9312-32
E-Mail: bobath@bobath-vereinigung.de

In der Schweiz

Schweizerischer Bund Therapeuten Zerebraler
Bewegungsstörungen SBTZB
Frau Ariane Brugger
Beaux-Arts 16
2000 Neuchâtel
Tel./Fax: 032/724 75 20

In Österreich

Ambulatorium für Entwicklungsdiagnostik und
für körper- und mehrfachbehinderte Kinder und
Jugendliche
Märzstraße 122
1150 Wien
Tel.: 01/982 61 54
Fax: 01/982 18 88

Literaturempfehlungen

Hannah Lothrop: *Das Stillbuch.* **München, 25., neu bearbeitete Auflage 2000**
Sehr schöner, einfühlsamer Klassiker.

Marshall Klaus, Phyllis Klaus: *Das Wunder der ersten Lebenswochen.* **München 2000**
Wunderschöne Fotos und Gestaltung.

Lili Stollowsky: *Kösel-Baby-Lexikon. 999 Antworten auf alle Fragen rund ums Kind.* **München 2000**
Ein sehr umfassendes und weitergehendes Werk für alle Rat suchenden Eltern.

Emmi Pikler: *Friedliche Babys, zufriedene Mütter. Pädagogische Ratschläge einer Kinderärztin.* **Freiburg 2000**
Ein Klassiker, in den Aussagen übereinstimmend mit den meinen.

Desmond Morris: *Babywatching. Die Körpersprache der Babys.* **München 1998**
Mit viel Hintergrundwissen und Sachkenntnis geschriebenes und bebildertes Buch.

Daniel N. Stern. *Tagebuch eines Babys. Was ein Kind sieht, spürt, fühlt und denkt.* **München 1993**
Beschreibt faszinierend die sinnlichen Wahrnehmungsmöglichkeiten eines Babys – spannend zu lesen.

Gisela Stemme, Doris von Eickstedt: *Die frühkindliche Bewegungsentwicklung. Vielfalt und Besonderheiten.* **Düsseldorf 1998**
Mit seinen anschaulichen Illustrationen und großem Fachwissen ein hilfreiches Buch für Eltern, die ihr Wissen über Bewegung weiter vertiefen wollen.

Marianne Austermann, Gesa Wohlleben: *Zehn kleine Krabbelfinger. Spiel und Spaß mit unseren Kleinsten.* **München, aktualisierte Neuausgabe 2002**
Der Klassiker für alle Eltern.

Marianne Austermann, Gesa Wohlleben: *Zehn kleine Krabbelfinger auf Entdeckungsreise. Mein erstes Jahr auf dieser Welt.* **München 2000**
Eine schöne Erweiterung und Ergänzung mit Tipps, Spielen und Liedern. Gleichzeitig als »Babytagebuch« zu verwenden.

Jirina Prekop: *Schlaf, Kindlein, verflixt noch mal. So können Sie und Ihr Kind ruhig schlafen.* **(Mit CD: Musik zum Einschlafen). München, aktualisierte Neuausgabe 2001**
Das Werk zum Thema Schlafen, einzig in seiner Klarheit und Konsequenz.

Karin Winkler, Jörg Jewanski: *Unser Baby ist da. Die ersten Monate.* **Reinbek 1998**
Mit vielen »Fallbeispielen« sehr anschaulich.

Louise J. Kaplan: *Die zweite Geburt. Die ersten Lebensjahre des Kindes.* **München 1995**
Zeigt viele gesellschaftspolitische, soziale und psychologische Zusammenhänge auf.

Monika Czernin: *Jeder Augenblick ein Staunen. Vom Abenteuer, mit einem Kind zu wachsen.* **Düsseldorf 1999**
Ein sehr persönlicher Bericht über die scheinbar selbstverständlichste Liebesbeziehung der Welt.

Moshé Feldenkrais: *Das starke Selbst. Anleitung zur Spontaneität.* **Frankfurt/M. 1992**
Beschreibt die Auswirkungen früher Haltungen und Gewohnheiten im Erwachsenenleben und wie sie neu entdeckt und bewusst werden können.

Uta Klawitter: *Die Weisheit des Körpers befragen.*
Demnächst wieder lieferbar. Beschreibt den »roten Faden«, der vorgeburtlich beginnt und was er durch das ganze Leben sichtbar macht.

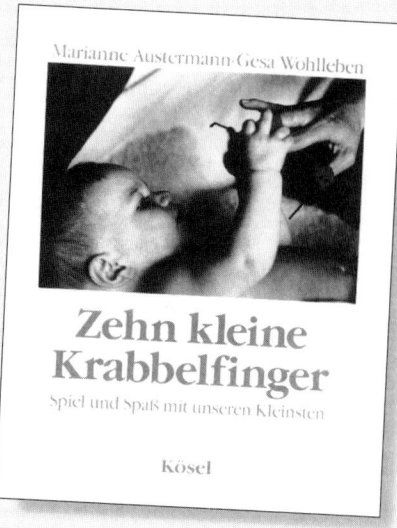